歯科医師のための
医療保険制度 入門
保険診療の仕組み 早わかりガイド

日髙勝美
小林隆太郎 著
梅村長生

医歯薬出版株式会社

■著者

日髙勝美　九州歯科大学名誉教授

小林隆太郎　日本歯科大学東京短期大学学長
　　　　　　日本歯科大学附属病院口腔外科 教授

梅村長生　元 社会保険診療報酬支払基金 医療顧問

This book is originally published in Japanese
under the title of :
SHIKAISHI NO TAME NO IRYOHOKENSEIDO NYUMON : HOKEN-SHINRYO NO SHIKUMI HAYAWAKARI GAIDO
(A Guide to Health-Care Insurance system for Dentists)
Editors :
HIDAKA, Katsumi
　　Emeritus Professor, Kyushu Dental University
KOBAYASHI, Ryutaro
　　President, Nippon Dental University Tokyo Junior College
　　Proffessor, Oral and Maxillofacial Surgery at Nippon Dental University Hospital
UMEMURA, Osami
　　Former Medical Consultant, Social Insurance Medical Fee Payment Fund

ⓒ2014 1st ed.
ISHIYAKU PUBLISHERS, INC.
　　7-10, Honkomagome 1 chome, Bunkyo-ku,
　　Tokyo 113-8612, Japan

発刊に際して

　わが国は1961年から国民皆保険制度を堅持していますので、歯科臨床に従事するほぼ全ての歯科医師が医療保険制度と深い関わりがあります。現在の医療保険制度の仕組みでは、新規の歯科医師免許取得者であっても、保険医として登録された時点で直ちに関係法令や通知で定められた保険診療のルールを順守する義務が生じます。保険医には国民の保険診療を担うという重要な責務がありますが、臨床系の各学会が認定する専門医のように経験年数や症例数などを考慮した資格ではありませんので、臨床研修の開始時から適切に保険診療を行うためには、保険医登録の時点までに保険診療のルールに関して一定の知識を習得しておくことが必要となります。

　一方、時代の要請に応え得る歯科医師を養成することが行政機関や歯科大学の責務となっていますので、歯学教育内容については最新の知見や社会的な動向を踏まえて定期的に見直しが行われています。歯学教育のガイドラインとして文部科学省から「歯学教育モデル・コア・カリキュラム」が公表されていますが、これには歯科大学卒業時までに身につけておくべき必須事項の到達目標が分かりやすく提示されています。ちなみに現在適用されている歯学教育モデル・コア・カリキュラムには「医療保険制度を説明できる」ことが到達目標の一つとして掲げられています。さらに厚生労働省から公表されている最新の「歯科医師国家試験出題基準」においても「医療保険」や「介護保険」が歯科医師国家試験の出題範囲として明記されています。このように歯学教育や国家試験の観点からも医療保険制度や介護保険制度に関する知識は今や不可欠とされています。

　上記のような諸事情に対応し、歯学生や臨床研修歯科医の皆さんに分かりやすく必要な情報を提供するために、今回、医療保険制度の仕組みや保険診療に関する諸規定などを簡潔に取りまとめ本書を発刊することといたしました。本書は「歯科医師のための医療保険制度入門」と題していますが、医療保険制度に加えて介護保険制度についても要点を掲載していますので、歯科医療の第一線で活躍されている歯科医師の方々にとっても社会保険の仕組みに関わる知識の整理や確認に適した内容となっています。本書が歯学生の学習や歯科医療従事者の業務の充実に資することができれば幸いです。

2014年7月　　　　　　　　　　　　　　　　　　　　　　　　著者一同

Contents もくじ

1 社会保障制度 ……小林隆太郎　2
1 「社会保障」言葉の由来 …… 2
2 「社会保障」の定義 …… 2
3 日本の社会保障制度の特徴と現状 …… 3
1. 日本の社会保険制度の特徴 …… 3

2 医療保険制度 ……日髙勝美　5
1 社会保障制度の概要 …… 5
2 国民医療費の概要 …… 6
3 医療保険制度 …… 7
1. 医療保険の種類と特徴 …… 7
2. 健康保険 …… 8
3. その他の被用者保険 …… 10
4. 国民健康保険 …… 11
5. 後期高齢者医療制度 …… 12
4 診療報酬制度 …… 12
1. 保険診療と診療報酬 …… 12
2. 歯科診療報酬点数表 …… 13
3. 診療報酬の請求および審査支払 …… 14
4. 保険医療機関および保険医の責務 …… 14
5. 診療報酬改定の仕組み …… 15

3 保険診療と医事・薬事関係法令 ……日髙勝美　18
1 保険診療と医療法関連の規定 …… 18
1. 病院および診療所 …… 18
2. 医療安全の確保 …… 19
2 保険診療と医薬品および医療機器に関連する規定 …… 20
1. 医薬品 …… 20
2. 医療機器 …… 21
3. 医薬品および医療機器の承認審査 …… 22
3 保険診療と歯科医療従事者各法の規定 …… 22
1. 歯科医師法 …… 23
2. 歯科衛生士法 …… 24
3. 歯科技工士法 …… 24

❹ 保険診療（療養の給付）　　　　　　　　　　　　　　　　　　日髙勝美　26

1 保険診療の基本的な考え方　26
2 保険診療の位置づけ（療養の給付）　26
3 保険医療機関と保険者の関係　26
4 保険医療機関の指定及び保険医の登録　27
5 保険診療の実際　28

❺ 保険外併用療養費制度（評価療養・患者申出療養・選定療養）
　　　　　　　　　　　　　　　　　　　　　　　　　　　　小林隆太郎　29

1 保険外併用療養費制度の位置づけ　29
2 評価療養　30
　1．評価療養の種類　30
3 患者申出療養　30
4 選定療養　31
　1．選定療養の種類　31
5 歯科領域の選定療養の取扱い　31
　1．金属床による総義歯の提供に関する事項　31
　2．う蝕に罹患している患者の指導管理に関する事項　32
　3．前歯部の金属歯冠修復に使用する金合金又は白金加金の支給に関する事項　33

❻ いわゆる「混合診療」問題に対する厚生労働省の基本的考え方
　　　　　　　　　　　　　　　　　　　　　　　　梅村長生・小林隆太郎　34

1 いわゆる「混合診療」問題に対する厚生労働省の基本的考え方　34
　1．いわゆる「混合診療」を無制限に導入した場合　34
　2．混合診療解禁議論の再燃　34
　3．最高裁　混合診療「給付できないと解する」　35
　4．患者申出療養の創設　35

❼ 医療技術・医療機器の保険適用までの流れ　　　　　　　　日髙勝美　36

1 医療技術・医療機器の保険適用への道　36
　1．新規又は既存の医療技術の保険適用　36
　2．先進医療技術の保険適用　36
　3．医療機器の保険適用　38

❽ 保険医療機関及び保険医療養担当規則（療担規則）　　　　日髙勝美　39

1 健康保険法に基づく療担規則の位置づけ　39
2 療担規則における保険医療機関の療養担当　39

3 療担規則における保険医の療養方針等（医師及び歯科医師に共通する部分）……40
　4 療担規則における保険医の療養方針等（歯科診療の具体的方針）……………………40

（別添資料1）保険医療機関及び保険医療養担当規則
　1 目　次……………………………………………………………………………………42
　2 第1章　保険医療機関の療養担当……………………………………………………42
　3 第2章　保険医の診療方針等…………………………………………………………47
　4 保険医療機関及び保険医療養担当規則の一部を改正する省令について（概要）…52

⑨ 診療報酬の算定方法及び材料価格基準 ……………………………日髙勝美　55
　1 診療報酬の仕組み………………………………………………………………………55
　2 歯科点数表の基本的な構成と算定の方法……………………………………………56
　3 基本診療料………………………………………………………………………………57
　4 特掲診療料………………………………………………………………………………57
　　1．医科点数表と共通の点数が含まれる"部"………………………………………58
　　2．医科点数表の例で算定することが認められている"部"………………………58
　　3．歯科特有の点数のみで構成されている"部"……………………………………59
　5 施設基準…………………………………………………………………………………59
　6 材料価格基準……………………………………………………………………………61

⑩ 診療報酬明細書と診療録 …………………………………………………日髙勝美　63
　1 診療報酬明細書（レセプト）…………………………………………………………63
　2 診療報酬明細書と診療録との整合性の確保…………………………………………63

⑪ 保険医療機関における院内掲示及び届出事項 …………梅村長生・日髙勝美　69
　1 医療法に基づく病院や診療所の院内掲示……………………………………………69
　2 保険医療機関の院内掲示（主に歯科診療所の場合）………………………………69
　3 届出の実務………………………………………………………………………………70
　4 施設基準等の届出状況…………………………………………………………………71

⑫ 保険診療における診療録の取扱い ………………………………梅村長生・日髙勝美　73
　1 療担規則に定める歯科診療録の概要…………………………………………………73
　2 保険診療における歯科診療録の記載のあり方………………………………………73
　3 歯科診療録と診療報酬明細書との関係………………………………………………74
　4 保険外診療の診療録記載の取扱い……………………………………………………74
　5 診療録の保存及び開示等に関する取扱い……………………………………………74
　6 保険診療における歯科診療録取扱いの留意事項……………………………………75
　　1．保険診療における歯科診療録の取扱いに関する留意事項（例）………………75

⑬ レセプト審査の仕組み　　　　　　　　　　　　　　　　　梅村長生・小林隆太郎　77
1 医療保険制度における診療報酬の請求と審査・支払とは　77
2 審査委員会とは　78
3 審査とは何か　78

⑭ レセプトオンライン・電子請求とは　　　　　　　　　　　　　　小林隆太郎　79
1 オンライン請求について　79
　1. オンライン請求　79
　2. オンライン請求の概要　79
　3. 電子レセプトとは　80
　4. 保険医療機関・保険薬局からの電子レセプト請求　80

⑮ レセプト情報・特定健診等　情報データベース（NDB）の活用　　　　　　梅村長生　81
1 NDB の活用　81
2 レセプト情報・特定健診等情報の PHR（Personal Health Record）推進　81
3 NDB を利用し医療費適正計画の策定　81
4 レセプトデータを活用し医療計画に反映　83

⑯ 介護保険制度の仕組み　　　　　　　　　　　　　　　　　　　　梅村長生　84
1 高齢者保健福祉政策の流れ　84
2 介護保険制度の仕組み　84
3 介護保険被保険者　85
4 一定以上所得者の利用者負担の見直し　86
5 介護保険で受けられるサービス　86
　1. 在宅サービス　86
　2. 公的介護施設サービス（要介護 1〜5 の人が対象）　87
6 サービス利用の手続き　87
7 介護保険制度は 3 年のサイクルで見直し　88
8 地域包括ケアシステムの構築　89

⑰ 訪問診療と介護サービスの提供について　　　　　　　　　　　　梅村長生　91
1 保険医療機関は、居宅サービス事業　91
2 介護保険と医療保険の関係　91
3 医療給付と介護給付との給付の調整　91
4 介護保険用カルテの記載　92
5 チャートでみる訪問診療請求法　93

| 6 歯科訪問診療加算 | 93 |
| 7 歯科訪問診療の診療報酬の基本構造 | 94 |

18 介護給付請求方法 　　　　　　　　　　　　梅村長生・小林隆太郎　96

1 介護報酬の請求方法について	96
2 医療保険請求上の【摘要欄記載】について	98
3 交通費	99

| 参考文献 | 101 |
| 索　引 | 102 |

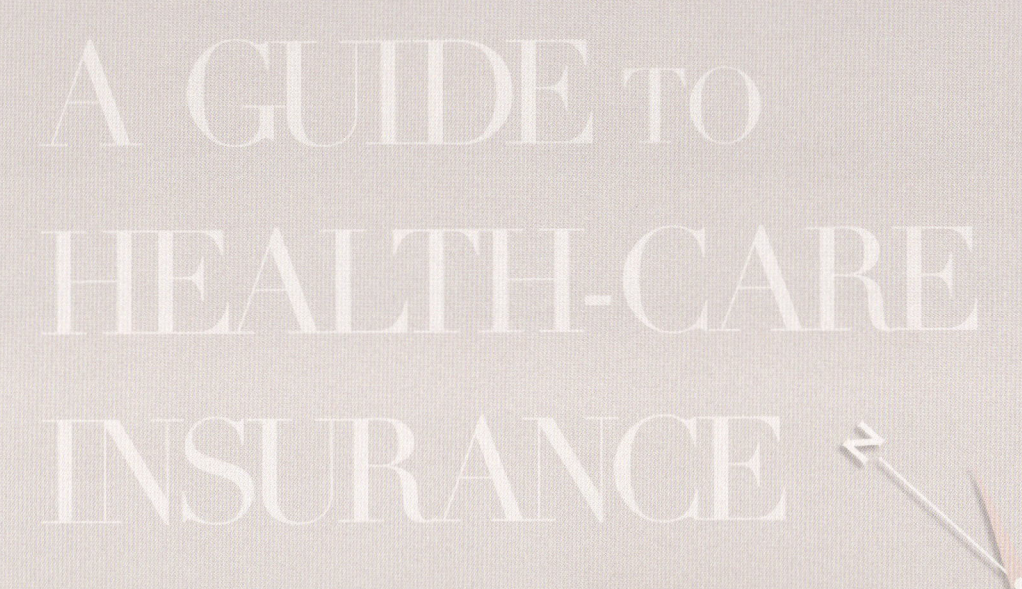

A GUIDE TO HEALTH-CARE INSURANCE SYSTEM FOR DENTISTS

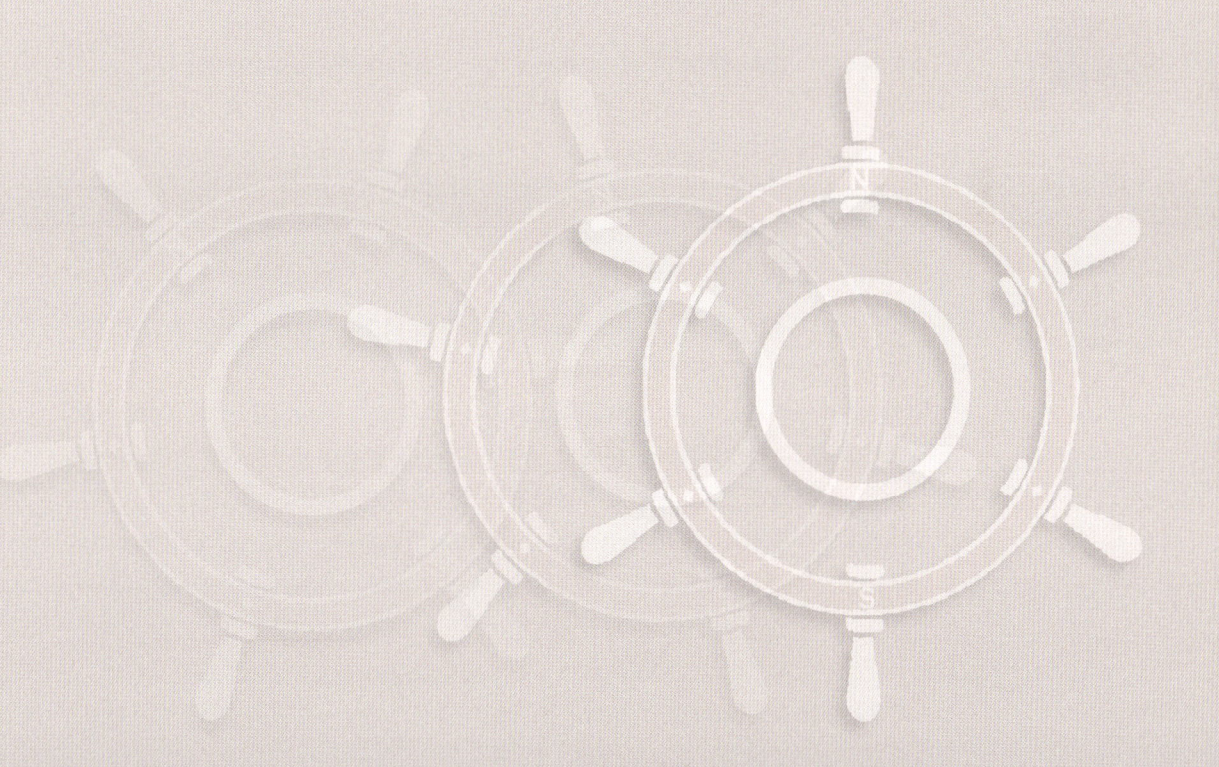

歯科医師のための
医療保険制度入門
保険診療の仕組み 早わかりガイド

1 社会保障制度

1 「社会保障」言葉の由来 （平成11年厚生労働白書より）

「社会保障」という言葉は、英語のSocial Securityに対応する日本語として使われている。諸外国における社会保障の範囲には相違がみられ、その定義もそれぞれの国によって特徴がある。わが国では、1946（昭和21）年公布の日本国憲法第25条[★1]に「社会保障」という用語が使われ、その後社会の変化に対応しそのあり方が考えられてきた。

英語のsecurityは、ラテン語のse-curusを語源にしており、seは「解放」、curusは「不安」を意味している。つまり、元来、不安からの解放、危険や脅威のない平静な状態を意味している言葉である。一方、日本語の「保障」は、小城を意味する「保」と、砦を意味する「障」の字から構成されており、「ささえ防ぐこと、障害のないように保つこと」等の意味がある。英語のSocial Securityも、日本語の社会保障も、言葉の上からは、社会的な仕組みにより危険から守ること、という意味合いになる。

★1：日本国憲法第25条　すべて国民は、健康で文化的な最低限度の生活を営む権利を有する。国は、すべての生活部面について、社会福祉、社会保障及び公衆衛生の向上及び増進に努めなければならない。

過去モン

我が国の社会保障制度における所得保障はどれか。2つ選べ。
（103C-43）
a　医療扶助
b　児童手当
c　介護給付
d　医療給付
e　老齢基礎年金
（解答：b、e）

2 「社会保障」の定義 （平成11年・24年厚生労働白書より）

わが国では、日本国憲法第25条の規定中に、「社会保障」という言葉が現れる。第25条は、「①すべて国民は、健康で文化的な最低限度の生活を営む権利を有する。②国は、すべての生活部面について、社会福祉、社会保障及び公衆衛生の向上及び増進に努めなければならない。」と規定し、国民の生存権を保障するとともに、社会保障制度の法的基礎を成している。

「社会保障」という言葉が意味するところは、国によって異なっている。わが国においても、社会保障の定義は、社会保障制度の範囲、内容、対象者の変化等に応じ、時代とともに変化してきている。

最近の定義の例として、社会保障制度審議会において、社会保障とは**「国民の生活の安定が損なわれた場合に、国民に健やかで安心できる生活を保障することを目的として、公的責任で生活を支える給付を行うもの」**と定義されている。

この基本となる1950（昭和25）年の社会保障制度審議会勧告における内容は「社会保障制度とは、疾病、負傷、分娩、廃疾、死亡、老齢、失業、多子その他困窮の原因に対し、保険的方法又は直接公の負担において経済保障の途を講じ、生活困窮に陥ったものに対しては、国家扶助によって最低限度の生活を保障するとともに、公衆衛生及び社会福祉の向上を図り、もってすべての国民が文化的成員たるに値する生活を営むことができるようにすることをいうのである。」

この定義では、第一に、病気やけが、出産、老齢、障害、失業といった生活上困窮を引き起こしかねない事態に対して、保険的方法（社会保険）か直接公の負担による方法（社会扶助）を用いた経済保障で対応すること、第二に、現に生活に困窮している者に対しては、国家扶助（生活保護制度）によって最低限度の生活を保障すること、第三に、これらの方法と併せて、公衆衛生及び社会福祉の向上を図ること、を社会保障制度の内容と位置づけている。

3 日本の社会保障制度の特徴と現状

日本の社会保障の定義は、かつての社会保障制度審議会（昭和25年社会保険制度に関する勧告）が示した概念に基づいて、狭義と広義に区分される。

狭義の社会保障
　①社会保険（医療保険、年金保険、労働災害保険、雇用保険、介護保険）
　②公的扶助、③社会福祉、④公衆衛生及び保健医療

広義の社会保障
　①②③④＋恩給、戦争犠牲者援護（これらは本来の目的と異なる国家補償制度）

1 日本の社会保険制度の特徴

1）すべての国民の年金、医療、介護をカバー（国民皆保険・皆年金体制）
- 社会保障給付費の大部分を占める年金・医療・介護は、社会保険方式により運営（図1）。
- 年金制度は、高齢期の生活の基本的部分を支える老齢年金を保障。
- 医療保険制度は、「誰でも、いつでも、どこでも」保険証（被保険者証）1枚で医療を受けられる医療を保障。
- 介護保険制度は、加齢に伴う要介護状態になっても自立した生活を営むことが出来るように必要な介護を保障。

2）社会保険方式に公費も投入し、「保険料」と「税」の組み合わせによる財政運営
- 2021年度の社会保障の財源は、約58.6％が保険料。約41.4％が公費で、その他に資産収入等が充てられる保険料中心の構成。

3）「サラリーマングループ」と「自営業者等グループ」に大別
- 主にサラリーマン（被用者）を対象とする職域保険（健康保険、厚生年金）と自営業者、農業者、高齢者等を対象とする自営業者等グループの地域保険（国民健康保険、国民年金）で構成。

4　国・地方自治体・健康保険組合などが責任・役割を分担・連携
- 社会保障制度は国が企画立案を行い、その運営は年金は主に国、医療保険は主に健康保険組合、全国健康保険協会や市町村、介護保険は主に市町村が担っている。
- 医療・福祉サービスにおいては、民間主体が重要な役割を果たしている。

過去モン
我が国の公的年金制度で正しいのはどれか。1つ選べ。
（102B-107）
a　任意加入保険である。
b　財務省が所管している。
c　給付開始は75歳である。
d　40歳以上の国民が被保険者である。
e　被用者保険では事業主も保険料を負担する。
（解答：e）

93A-62e
93A-65
96A-107

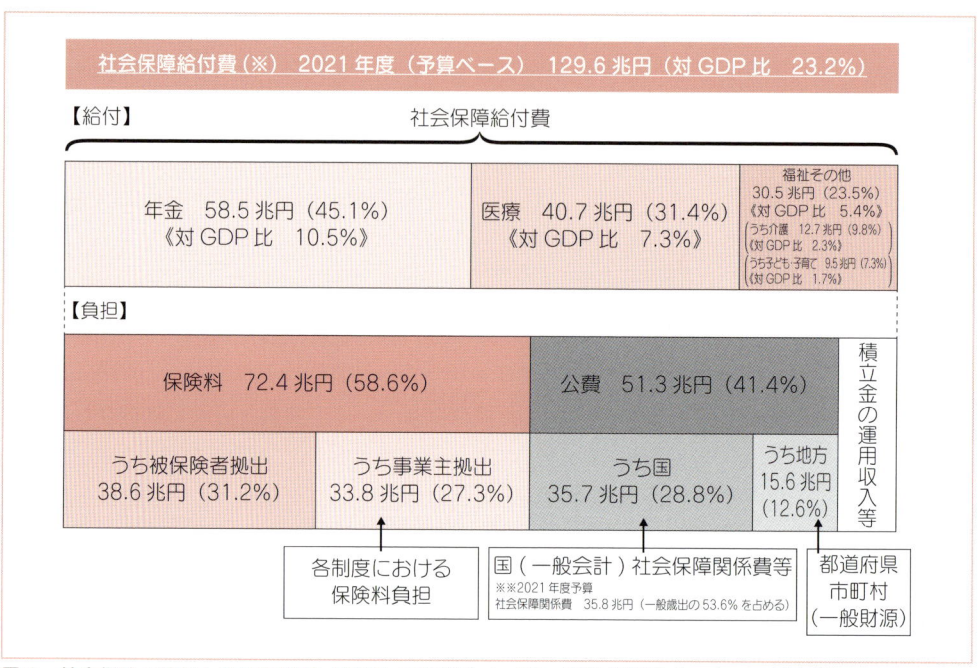

図1 社会保障の給付と負担の現状（2021年度予算ベース）（厚生労働省ホームページより）
※社会保障給付の財源としてはこの他に資産収入などがある。

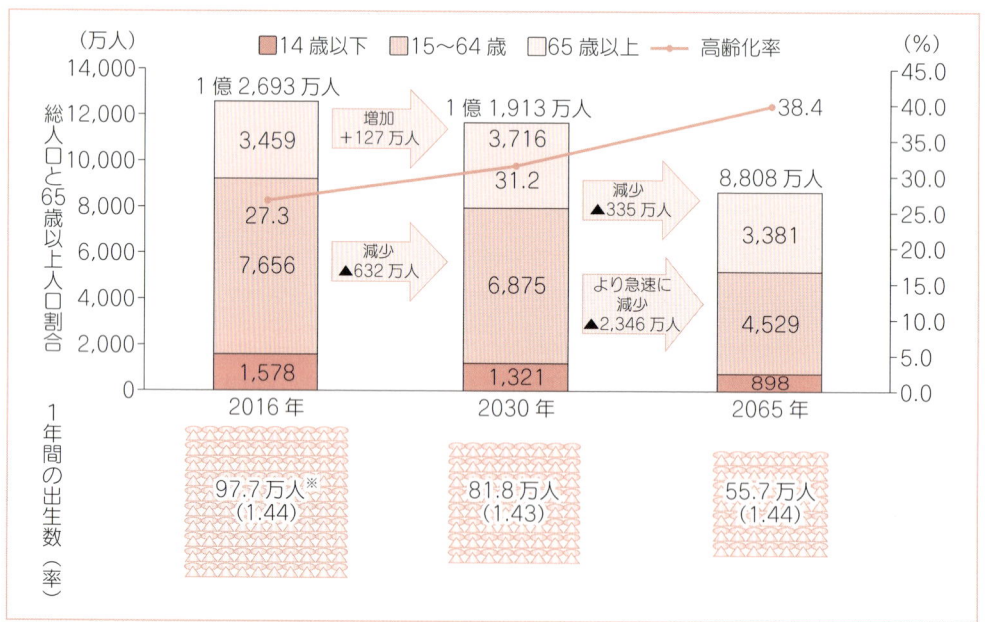

図2 今後の人口構造の急速な変化
（出所）総務省「国勢調査」、国立社会保障・人口問題研究所「日本の将来推計人口（平成29年1月推計）：出生中位・死亡中位推計」
（各年10月1日現在人口）
※2016（平成28）年「人口動態統計」

社会保険について

社会保険には、病気・けがに備える「医療保険」、年をとったときや障害を負ったときなどに年金を支給する「年金保険」、仕事上の病気、けがや失業に備える「労働保険」（労災保険・雇用保険）、加齢に伴い介護が必要になったときの「介護保険」があります。

2 医療保険制度

1 社会保障制度の概要

わが国の社会保障制度は日本国憲法に根拠があり、**第25条第2項に「国は、すべての生活部面について、社会福祉、社会保障及び公衆衛生の向上及び増進に努めなければならない。」** と規定されている。社会保障制度は社会保険、社会福祉、公的扶助、公衆衛生および医療に区分されるが、社会福祉は障害者や母子家庭などに対し社会福祉関係各法に基づき支援を行うものであり、公的扶助は生活保護法に基づき実施される。歯科医業は公衆衛生および医療に該当するものであり、歯科医師は医療法や歯科医師法などの規定を踏まえ歯科保健医療サービスの提供を行っているが、保険診療に従事する場合には医療保険関係法令で定められている様々なルールについても十分理解しておく必要がある。本書では、医療保険を主に取り上げることとなるが、前述の社会保障制度の区分では社会保険に該当する。社会保険は国民の相互扶助の精神で運営されるものであり、公的機関が保険者（運営主体）となって、被保険者（加入者）から徴収した保険料を管理し、被保険者に病気や失業などが生じた際に法令に基づいて保険者が必要な給付を行う。**社会保険には、医療保険の他に年金保険、介護保険、雇用保険、労働者災害補償保険があり、強制加入が原則となっている。** 高齢社会の到来により、年金保険や医療保険などの給付額は年々増加しており、2019（令和元）年度には社会保障給付費が約124兆円となった（表1）。年金保険や医療保険の財源は被保険者の保険料のみではなく多額の公費が投入されており、納めた保険料以上の給付が受けられる仕組みとなっている。わが国の社会保障制度を堅持していくためには安定した財源の確保が必要であることから、政

過去モン

103C-83

過去モン

わが国の公的医療保険制度で正しいのはどれか。1つ選べ。
（104A-93）
a 所管は財務省である。
b 保険料は年齢に基づく。
c 保険加入は任意である。
d 保険者は都道府県である。
e 制度は社会保険方式である。
（解答：e）

表1　部門別社会保障給付費

社会保障給付費	2018年度	2019年度	対前年度比 増加額	伸び率
	億円	億円	億円	％
計	1,213,987 (100.0)	1,239,241 (100.0)	25,254	2.1
医　療	397,480 (32.7)	407,226 (32.9)	9,746	2.5
年　金	552,581 (45.5)	554,520 (44.7)	1,939	0.4
福祉その他	263,926 (21.7)	277,494 (22.4)	13,569	5.1
介護対策 （再掲）	103,885 (8.6)	107,361 (8.7)	3,476	3.3

（注）（　）内は構成割合である。
出典：社会保障費用統計（令和元年度）。

図1 国民医療費に含まれるもの（患者負担を含む）

- 医科診療にかかる診療費
  - 入 院
  - 入院外
- 歯科診療にかかる診療費（公費・医療保険等・後期高齢者医療制度分）
- 訪問看護医療費
  - 訪問看護療養費
  - 基本利用料
- 薬局調剤医療費（公費・医療保険等・後期高齢者医療制度分）
- 入院時食事・生活医療費（公費・医療保険等・後期高齢者医療制度分）
- 柔道整復師・はり師等による治療費（健保等適用分）
- 移送費（健保等適用分）
- 補装具（健保等適用分）

表2　診療種類別国民医療費

診療種類	令和元年度（2019）国民医療費（億円）	構成割合（％）	平成30年度（2018）国民医療費（億円）	構成割合（％）
総　数	443,895	100.0	433,949	100.0
医科診療医療費	319,583	72.0	313,251	72.2
入院医療費	168,992	38.1	165,535	38.1
病　院	165,209	37.2	161,705	37.3
一般診療所	3,783	0.9	3,831	0.9
入院外医療費	150,591	33.9	141,716	34.0
病　院	65,027	14.6	62,730	14.5
一般診療所	85,564	19.3	84,986	19.6
歯科診療医療費	30,150	6.8	29,579	6.8
薬局調剤医療費	78,411	17.7	75,687	17.4
入院時食事・生活医療費	7,901	1.8	7,917	1.8
訪問看護医療費	2,727	0.6	2,355	0.5
療養費等	5,124	1.2	5,158	1.2

出典：令和元年度国民医療費

府においては「社会保障と税の一体改革」について検討が行われ、平成26年4月に消費税率が5％から8％に引き上げられた。さらに、令和元年10月から10％に引き上げられている。

2　国民医療費の概要

　国民医療費とは、1年間に国民が保険診療等のために支出した費用の総額である。
　国民医療費に含まれるものは、公費負担を含めた保険給付費、生活保護などの公費負担医療費、窓口の自己負担などである（図1）。
　国民医療費は保険診療の対象となり得る疾病の治療に要した費用を推計したものであり、健康診断、予防接種、自費診療などに要した費用は含まれない。
　令和元年度の部門別社会保障給付費によると、医療に対する給付額は約40.7兆円となっているが、令和元年度国民医療費においては、患者負担などを含んでいることから、推計額は約44.4兆円となっている（表2）。高齢化の進展に伴い、国民医療費は年々増大しており、令和元年度については前年度よりも9,946億円の増加

過去モン
93D-63

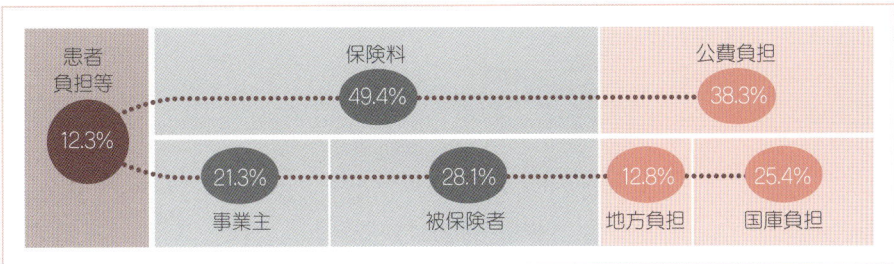

図2 国民医療費の財源別負担割合（％）
出典：令和元年度国民医療費

国民医療費に含まれるのはどれか。1つ選べ。
（103A-55）
a 咬合誘導
b 正常分娩
c 健康診断
d 予防接種
e 訪問診療
（解答：e）

過去モン

近年の我が国の国民医療費における歯科医療費で正しいのはどれか。1つ選べ。
（102B-63）
a 額は年々増加している。
b 割合は10％以下である。
c 自由診療費を含んでいる。
d 額は5兆円を超えている。
e 65歳以上が50％を超えている。
（解答：b）

過去モン

92A-59
99A-116
104A-93
104C-38
関連：
97A-109
98A-104

となった。財源別の構成割合をみると、保険料49.4％、公費負担38.3％、患者負担等12.3％となっている。公費負担の内訳については国庫負担25.4％、地方負担12.8％となっており、国は令和元年度の段階で11.3兆円余の費用を国民医療費に拠出している（図2）。国庫負担は25〜26％の水準で推移していることから、国民医療費の増加に伴い、その額も増加している。国民医療費のなかで歯科診療医療費は平成8年度以降、2.5〜2.6兆円程度で推移し金額の変動は少なかったが、近年は増加しており、令和元年度は約3.0兆円となった。一方、国民医療費に占める歯科診療医療費の割合は年々低下してきた。過去の例では、平成2年度9.9％、平成12年度8.5％、平成23年度6.9％となっており、21年間で3ポイント減少した。その後は、平成25年度6.8％、平成28年度6.8％、令和元年度6.8％と横ばいで推移している。このような歯科診療医療費の動向とは異なり、薬局調剤医療費の国民医療費に占める割合は年々増加してきた。平成12年度には9.2％であったが、医薬分業の推進などに伴い、近年は17％台で推移している（表2）。

3 医療保険制度

1 医療保険の種類と特徴

わが国の保険診療を支える仕組みである医療保険制度は、健康保険、船員保険、各種共済、国民健康保険、後期高齢者医療制度の5つに区分される。各制度のなかで健康保険、船員保険および各種共済は被用者保険であるが、対象とする職域は区分されている。船員保険および各種共済は、船員、公務員、教員など特定職域の被用者を対象とする。健康保険は幅広い職域の被用者を対象とする医療保険の中核をなす制度であり、令和2年3月末現在で被扶養者（被保険者の家族等）を含む加入者数の合計は約6,930万人となっている（図3 ❷〜❹の和）。一方、国民健康保険は地域住民を対象とする医療保険であり、地域保険と称されている。加入者数は健康保険に次いで多く、令和2年3月末現在で約2,932万人となっている（図3）。また、後期高齢者医療制度は、高齢者の心身の特性や生活実態等を踏まえ平成20年度に創設された医療保険制度である。この制度の加入者となるのは、75歳以上の者および65〜74歳で一定の障害の状態にある者とされている。医療保険は、疾病、負傷、死亡、出産などについて保険給付されるものであるが、保険診療に該当する疾病、負傷などの治療については、患者に直接の医療提供を行う現物給付が原則と

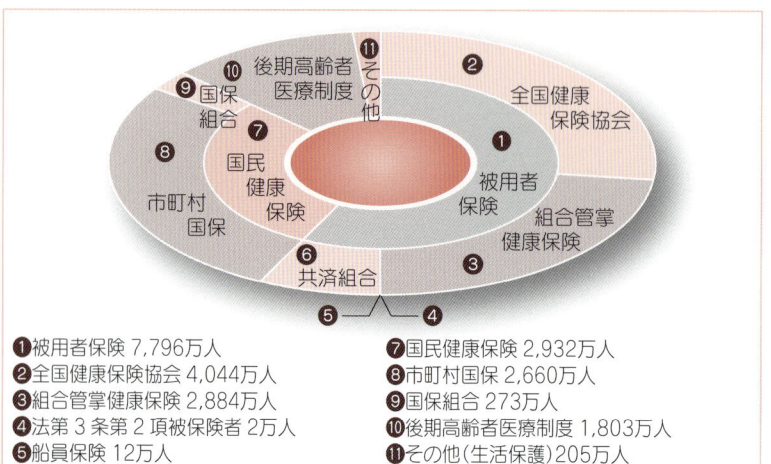

❶被用者保険 7,796万人
❷全国健康保険協会 4,044万人
❸組合管掌健康保険 2,884万人
❹法第3条第2項被保険者 2万人
❺船員保険 12万人
❻共済組合 855万人
❼国民健康保険 2,932万人
❽市町村国保 2,660万人
❾国保組合 273万人
❿後期高齢者医療制度 1,803万人
⓫その他（生活保護）205万人

図3　医療保険制度の加入者等（令和2年3月末現在）
注：四捨五入により総数と各数の和が一致しない場合がある。
厚生労働省の公表資料から作成

101A-93
105C-55a

なっている。なお、労働者の業務上の傷病については医療保険の対象とはならず、労働者災害補償保険で補償されることとなっている。

2 健康保険

1）保険者および加入者数

　健康保険は健康保険法に基づく制度であり、被用者保険の中核となっている。健康保険の運営を行う保険者は、健康保険組合または全国健康保険協会であるが、健康保険組合は比較的規模の大きな企業が設立するものであり、単一組合の場合は被保険者数700人以上が要件となっている。また、複数の企業が共同で設立する場合は3,000人以上の被保険者が必要となる。令和2年3月末現在で健康保険組合の保険者数は1,388、加入者数は被扶養者を含め約2,884万人となっている。一方、全国健康保険協会は中小企業で働く従業員などを被保険者としており、被扶養者を含めた加入者数は約4,044万人となっている（図3）。

2）被扶養者の範囲

　健康保険における被扶養者の範囲は、①被保険者の直系尊属、配偶者、子、孫、弟妹であって主として被保険者により生計を維持している者、②被保険者の3親等内の親族であって、被保険者と同一世帯に属し、主として被保険者により生計を維持している者など具体的な要件が定められている。

3）保険給付と一部負担金

　業務外の事由による疾病、負傷、死亡又は出産などに対して保険給付が行われるが、被保険者の家族など被扶養者にも同様の保険給付が行われる。具体的には、療養の給付、入院時食事療養費、入院時生活療養費、訪問看護療養費、保険外併用療養費、傷病手当金、埋葬料・埋葬費、出産育児一時金、出産手当金など多岐にわたる。歯科医師による保険診療は療養の給付に該当するものであり、診察、薬剤や治療材料の支給、処置、手術、欠損補綴などの歯科医療の提供が対象となる。保険診

社会保険で給付されるのはどれか。すべて選べ。
（93A-65改変）
a　傷病手当金
b　遺族年金
c　医療費
d　生活保護費
e　児童扶養手当
（解答：a、b、c）

96A-105

療を受ける際に、70歳未満の被保険者は療養の給付に要する費用の3割に相当する額を一部負担金として支払い、残りの7割が保険給付される扱いとなる。一部負担金の支払いは被扶養者も同様であるが、この負担割合は年齢によって異なっており、義務教育就学前および70～74歳は2割となっている。ただし、70～74歳で現役並みの所得者は3割となっている。

4）保険外併用療養費

療養の給付以外で一般の歯科診療に関わりがあるのは保険外併用療養である。保険外併用療養として選定療養と評価療養が従来から行われているが、評価療養は先進医療や医薬品・医療機器の治験にかかる診療などの場合が該当する。一方、選定療養は患者の選択に基づいて実施されるものであり、特別の療養環境の提供（いわゆる差額ベッド）、予約診療、時間外診療など10項目を厚生労働大臣が定めている。歯科分野については、前歯の材料差額、金属床総義歯、小児う蝕の治療後の継続管理の3項目が選定療養に含まれている。**選定療養及び評価療養に加え、平成28年度から新たに患者申出療養が保険外併用療養に導入された。**患者申出療養は国内での未承認薬等を迅速に使用したいという場合などに、患者からの個別の申出を起点とする仕組みで実施されるものである。評価療養と同様に将来的には保険導入の可能性があり、科学的根拠等を集積することも目的となっている。保険外併用療養では保険診療と共通する部分について保険外併用療養費が支給される扱いとなるが、患者（被保険者または被扶養者）は通常の保険診療と同様に一部負担金を支払うこととなる。

5）高額療養費

保険診療の一部負担金など自己負担が高額になった場合に、一定の金額を超えた部分が払い戻しされる制度である。高額療養費の自己負担限度額は年齢や所得によって異なるが、たとえば、一般的な収入のある70歳未満の者の自己負担限度額については、月単位に合算した被保険者および被扶養者の医療費に基づき「80,100円＋（医療費－267,000円）×1％」の式により算出される。月単位の医療費が100万円であった場合を例に試算すると、一部負担金割合が3割であれば自己負担額は30万円となるが、前述の式から算出される自己負担限度額は87,430円となることから、30万円との差額212,570円が高額療養費として支給されることとなる（図4）。

過去モン

全国健康保健協会管掌健康保険、組合管掌健康保険、各種共済、国民健康保険および後期高齢者医療制度への加入者数（平成20年）を表に示す。

加入者数（万人）
① 5,072
② 3,629
③ 3,086
④ 1,308
⑤ 937

国家公務員が加入するのはどれか。1つ選べ。
(106A-63)
a ①
b ②
c ③
d ④
e ⑤
（解答：e）

過去モン

健康保険法で給付の対象となるのはどれか。
(101A-93)
a 療養
b 診断書
c 養育医療
d 健康診査
e 業務上の負傷
（解答：a）

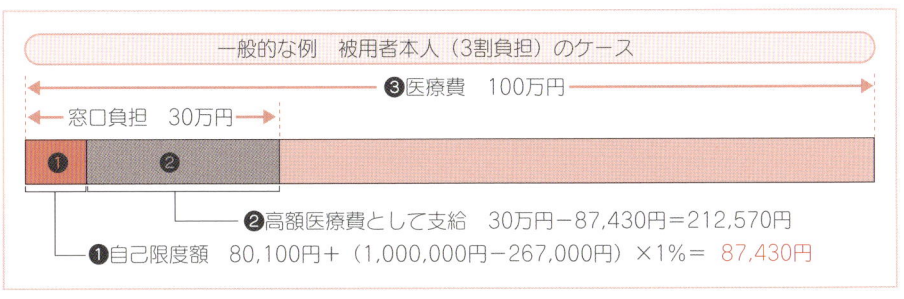

図4 高額療養費制度

注：自己負担限度額は、被保険者の所得に応じ、一般・上位所得者・低所得者に分かれる。

出典：厚生労働省ホームページ（我が国の医療保険について）

過去モン

我が国の医療保険制度で正しいのはどれか。1つ選べ。
(103C-83)
a 被保険者は保険料を納入する。
b 財源はすべて保険料で賄われる。
c 日本国籍のない者は加入できない。
d 保険料は所得にかかわらず一定である。
e 被用者保険は国民健康保険法を根拠としている。

(解答：a)

6）保険料

健康保険の保険料は所得によって異なり、標準報酬月額に保険者が定めた保険料率を乗じた額が納付すべき保険料となる。全国健康保険協会が運営する健康保険の保険料は事業主と折半で負担することとされているので、被保険者は算出された保険料の半額を給与から支払うこととなる。ちなみに同協会の保険料率は都道府県ごとの医療費に応じて異なっており、令和3年度は9.50～10.68％の範囲で設定されている。なお、標準報酬月額は給料などの報酬の月額を区切りのよい幅で区分したものであり、その算出には被保険者が労務の対償として受ける給料、賞与などすべてのものが含まれることとなっている。たとえば、標準報酬月額40万円で保険料率が10％の場合、被保険者の負担する保険料は2万円となる。

なお、健康保険組合の保険料率は各組合が自主的に定めており、令和3年度の全組合平均の保険料率は9.23％となっている。また、健康保険組合では事業主の保険料の負担割合を多くすることが認められていることから、令和元年度の被保険者の平均負担割合は46％となっている。

7）特定健康診査・特定保健指導

平成18年の医療制度改革において従前の老人保健法の見直しが行われ、法律名も高齢者の医療の確保に関する法律に改められた。平成20年度から改正法が施行され、同法の規定に基づき、医療保険者に40～74歳の被保険者や被扶養者に対する生活習慣病に着目した特定健康診査・特定保健指導の実施が義務づけられることとなった（図5）。特定健康診査・特定保健指導に基づく生活習慣病の予防は国民の健康の確保のうえで重要であるのみならず、財政的な面からは、治療に要する医療保険給付費の抑制に資することも期待されている。なお、特定健康診査には、歯科領域の診査項目は含まれていない。

3 その他の被用者保険

1）船員保険

船員保険の保険者は全国健康保険協会であるが、経理は健康保険事業と区分されている。被保険者は船員として船舶所有者に使用される者などに限定されていることから、令和2年3月現在の被扶養者を含む加入者数は12万人弱となっている（図3）。疾病や負傷に対する療養の給付については、健康保険の場合と同様であるが、船員保険独自のものとして、自宅以外の場所における療養に必要な宿泊と食事の支給制度がある。保険料は船舶所有者と被保険者で負担するが、令和3年度の疾病保険料率は9.6％となっている。

2）各種共済

共済組合は、対象職種別に国家公務員共済組合、地方公務員共済組合、私立学校教職員共済がある。保険者数は、令和2年3月末で、国家公務員共済組合20、地方公務員共済組合64となっている。私立学校教職員については日本私立学校振興・共済事業団が保険者となっている。被扶養者を含む加入者数は、令和2年3月

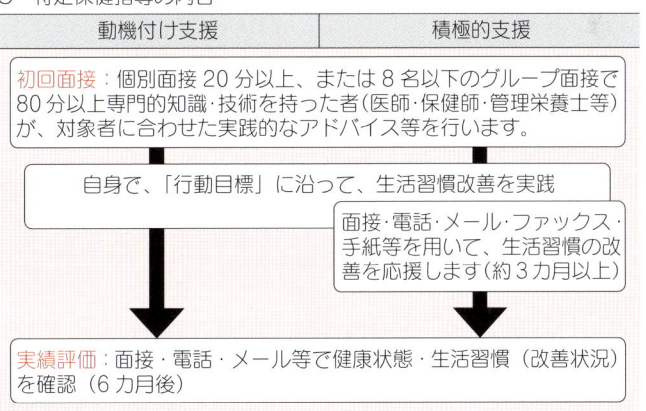

図5 特定健康診査、特定保健指導（厚生労働省ホームページ）

末で、約855万人となっている（図3）。医療保険に相当する各種共済の「短期給付」の費用については、使用者と組合員が負担するが、掛金および負担金率は各共済組合の定款などで定められている。短期給付の内容については、健康保険とほぼ同様である。

> **過去モン**
> 国民健康保険法で定める保険者はどれか。2つ選べ。
> （100A-148改変）
> a 国
> b 都道府県
> c 市町村
> d 事業所
> e 共済組合
> （解答：b、c）

4 国民健康保険

　国民健康保険は、自営業者や農業者など被用者保険に加入していない者を対象として、その疾病、負傷、死亡、出産などについて必要な給付を行う制度である。国民健康保険の保険者は、都道府県・市町村（東京都の特別区を含む）と国民健康保険組合である。保険者となる市町村数は、令和2年3月末で1,716であり、加入者数は約2,660万人となっている（図3）。市町村が実施する国民健康保険では、そ

過去モン

高齢者の医療の確保に関する法律によって規定されている「特定健康診査・特定保健指導」について正しいのはどれか。1つ選べ。
(107A-15)
a 都道府県が実施主体である。
b 対象年齢は65歳以上である。
c 特定健康診査に歯科検診が含まれる。
d 悪性新生物に対する予防を主目的とする。
e 特定保健指導には動機づけ支援と積極的支援がある。
(解答：e)

の地域に住所を有する者が被保険者となるが、外国人も短期滞在者を除き加入が必要とされている。保険給付の内容は健康保険とほぼ同様となっている。国民健康保険事業の費用に充当するため、市町村は世帯主から保険料を徴収するが、世帯ごとに被保険者均等割額、所得割額などを賦課している。ただし、保険者によって賦課算定方式は多少異なっている。市町村は保険料の代わりに国民健康保険税を課すことができるが、現在では8割を超える市町村が保険税を選択している。国民健康保険の財政は高齢者人口の増加によって圧迫されており、また、小規模な市町村は保険財政が不安定になりやすいことから、平成30年度から都道府県が財政運営の責任主体となり、市町村国保の保険者にも位置づけられた。一方、国民健康保険組合は同種の事業や業務に従事する者300人以上で組織された公法人であり、都道府県知事の認可を受けて設立されている。医師、歯科医師、薬剤師、弁護士などの業種は地域で国民健康保険組合を設立しており、令和2年3月末の組合数は162で加入者数は約273万人となっている（図3）。

5 後期高齢者医療制度

高齢者の医療の確保に関する法律の施行に伴い、平成20年度に後期高齢者医療制度が開始された（図6）。同制度の運営主体は全市町村が加入する後期高齢者医療広域連合であり、各都道府県に1団体が設立されている。**この制度の被保険者は、75歳以上の者および65～74歳で一定の障害の状態にあり広域連合の認定を受けた者**であり、令和2年3月末の加入者数は約1,803万人となっている（図3）。加入者数の経年的な増加が見込まれることから、令和3年度予算ベースでは約1,820万人と推計されている（図6）。保険料は被保険者1人ひとりに課せられており、最寄りの市町村に支払う。保険料は広域連合が決定するが、その額は所得割と被保険者均等割の合計となっている。被保険者の所得が低い場合は均等割部分について軽減措置がある。受診した際の自己負担の割合は要した費用の1割とされているが、現役並み所得者については3割負担となっている。なお、令和4年10月から一定の所得がある者について、新たに2割負担が導入される予定となっている。同一世帯の高齢者に医療保険と介護サービスの自己負担がある場合、それらを合算した年間負担額について所得に応じた限度額が設けられており、限度額を超えた場合は被保険者からの申請に基づき高額介護合算療養費が支給される（表3）。後期高齢者医療制度の運営における財源については、患者負担を除くと、公費が約5割、現役世代からの支援が約4割および保険料が約1割で構成されている。後期高齢者に給付される医療費は継続的な増加が見込まれることから、安定財源の確保が極めて重要な課題となっている。

過去モン

後期高齢者医療制度で正しいのはどれか。2つ選べ。
(107C-99)
a 任意加入である。
b 運営主体は市町村である。
c 自己負担は原則3割である。
d 原則75歳以上を対象とする。
e 財源の一部を現役世代が支援する。
(解答：d、e)

過去モン

77歳の男性。週に4日、常勤相談役として大手商社に勤務している。この男性が加入していると考えられる公的医療保険はどれか。1つ選べ。
(106C-42)
a 各種共済
b 国民健康保険
c 組合管掌健康保険
d 後期高齢者医療制度
e 全国健康保険協会管掌健康保険
(解答：d)

4 診療報酬制度

1 保険診療と診療報酬

保険診療は公的医療保険である健康保険や国民健康保険が適用される診療であり、保険診療に要した費用は診療報酬として算定することとなっている。診療報酬

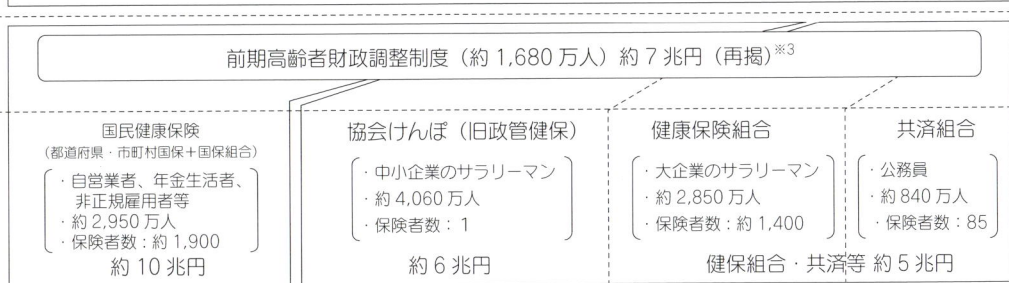

		75歳以上
	後期高齢者医療制度 約17兆円	・75歳以上 ・約1,820万人 ・保険者数:47（広域連合）

75歳 ─────────────────────────

前期高齢者財政調整制度（約1,680万人）約7兆円（再掲）※3

65歳 ─────────────────────────

国民健康保険 (都道府県・市町村国保＋国保組合) ・自営業者、年金生活者、 　非正規雇用者 ・約2,950万人 ・保険者数：約1,900 約10兆円	協会けんぽ（旧政管健保） ・中小企業のサラリーマン ・約4,060万人 ・保険者数：1 約6兆円	健康保険組合 ・大企業のサラリーマン ・約2,850万人 ・保険者数：約1,400	共済組合 ・公務員 ・約840万人 ・保険者数：85
		健保組合・共済等 約5兆円	

※1 加入者数・保険者数、金額は、令和3年度予算案ベースの数値。
※2 上記のほか、法第3条第2項被保険者（対象者約2万人）、船員保険（対象者約10万人）、経過措置として退職者医療がある。
※3 前期高齢者数（約1,680万人）の内訳は、国保約1,230万人、協会けんぽ約340万人、健保組合約100万人、共済組合約10万人。

現行の高齢者医療制度の概要
・高齢化に伴う医療費の増大が見込まれる中で、高齢世代と若年世代の負担の明確化等を図る観点から、75歳以上の高齢者等を対象とした後期高齢者医療制度を平成20年4月から施行。
・併せて、65～74歳の高齢者の偏在による保険者間の負担の不均衡を調整するため、保険者間の財政調整の仕組みを導入。

図6　医療保険制度の体系（厚生労働省ホームページ）

過去モン

我が国の医療保険制度で正しいのはどれか。2つ選べ。
(96A-105)
a　自由加入
b　保険料が一定
c　現金給付
d　診療行為の点数制
e　一部負担金の徴収

（解答：d、e）

表3　合算算定基準額（所得区分に応じた世帯の負担上限額）　＜平成30年8月～＞

	70歳以上(注2)		70歳以上(注2)
年収約1,160万円～ 標報83万円以上 課税所得690万円以上	212万円	一般（年収156万円～370万円） 健保　標報26万円以上 国保・後期　課税所得145万円未満(注1)	56万円
年収770万円～1,160万円 標報53～79万円以上 課税所得380万円以上	141万円	市町村民税世帯非課税	31万円
年収370万円～770万円 標報28～50万円以上 課税所得145万円以上	67万円	市町村民税世帯非課税 （所得が一定以下）	19万円(注3)

(注1) 収入の合計額が520万円未満（1人世帯の場合は383万円未満）の場合及び旧ただし書所得の合計額が210万円以下の場合も含む。
(注2) 対象世帯に70～74歳と70歳未満が混在する場合、まず70～74歳の自己負担合計額に限度額を適用した後、残る負担額と70歳未満の自己負担合計額を合わせた額に限度額を適用する。
(注3) 介護サービス利用者が世帯内に複数いる場合は31万円。
出典：厚生労働省ホームページ（医療費の自己負担）

とは、保険医療機関が提供した保険医療サービスに対する対価として保険者から受け取る報酬であり、厚生労働大臣が中央社会保険医療協議会（中医協）の議論を踏まえ決定している。**診療報酬の決定は保険適用の対象となる医療サービスの範囲を定めるとともに、公定価格を定めるという特徴を有している。**決定された診療報酬は「診療報酬の算定方法」として厚生労働大臣名で告示され、個々の医療行為などが点数として示される。1点単価は10円と定められており、個々の医療行為の点数を乗じて診療報酬が得られるが、この方法を点数単価方式と称している。なお、前述の告示「診療報酬の算定方法」では、医科診療報酬点数表、歯科診療報酬点数表および調剤報酬点数表がそれぞれ示されている。

❷ 歯科診療報酬点数表（p55参照）

歯科診療報酬点数表は、基本診療料と特掲診療料で構成されている。基本診療料は、初診もしくは再診の際および入院の際に行われる基本的な診療行為の費用を一

括して評価するものとされており、歯科診療報酬点数表では、歯科初診料、歯科再診料などが示されている。なお、歯科疾患の治療で入院した場合の費用については、医科診療報酬点数表に示されている点数を準用して算定することとされている。一方、特掲診療料は抜歯や根管治療など個々の具体的な歯科医療行為を点数で評価したものであり、歯科診療報酬点数表においては、①医学管理等、②在宅医療、③検査、④画像診断、⑤投薬、⑥注射、⑦リハビリテーション、⑧処置、⑨手術、⑩麻酔、⑪放射線治療、⑫歯冠修復及び欠損補綴、⑬歯科矯正、⑭病理診断の14部から構成されている。令和2年社会医療診療行為別統計の結果によると、歯科診療の診療行為別にみた1日当たり点数の構成割合は、初・再診料が12.8%であるのに対し、歯冠修復及び欠損補綴34.8%、処置19.9%、医学管理等12.8%、検査6.0%、画像診断4.2%、在宅医療2.9%、手術2.6%となっている（図7）。

❸ 診療報酬の請求および審査支払

保険医療機関で行われた保険診療の対価として診療報酬が支払われるが、患者の一部負担金を除く費用は保険者から保険医療機関に対し支払われることとなる。保険医療機関から保険者に対して診療報酬を請求することとなるが、診療報酬の審査については医学的知識を必要とするなど専門性が高いことから、ほとんどの場合は審査支払機関が保険者の委託を受け診療報酬請求の妥当性を審査している。**審査支払機関としては健康保険、船員保険および各種共済の診療報酬請求を取扱う社会保険診療報酬支払基金（支払基金）と国民健康保険と後期高齢者医療制度の診療報酬請求を取扱う国民健康保険団体連合会（国保連）がある。**保険医療機関からの診療報酬請求内容が適切である場合は、保険者に審査済みの請求書が送付され、保険者として特に問題がなければ、審査支払機関を経由して保険医療機関に診療報酬が支払われることとなる（図8）。

❹ 保険医療機関および保険医の責務

保険診療は保険医療機関において保険医が行うものであるが、国民に適切な保険診療を提供するとともに、健康保険事業の健全な運営を確保していくため、**健康保険法に基づいて保険医療機関及び保険医療養担当規則（療担規則）（p36参照）が定められている。**なお、国民健康保険法など他の医療保険各法においても健康保険法と同様な規定がある。療担規則には、保険医療機関の療養担当、保険医の診療方針等が定められており、当該規則に違反すると行政処分の対象となる可能性がある。保険診療は健康保険法等に基づく保険者と保険医療機関との公法上の契約であり、その契約は地方厚生局長による保険医療機関の指定および保険医の登録によって締結されるものと解されている。したがって、保険医療機関の指定および保険医の登録に際しては、療担規則などで示されている保険診療に関するルールを理解しておくことが必要となる。保険医療機関の療養担当としては、保険診療の範囲、診療報酬請求などの適正な手続きの確保、受給資格の確認、一部負担金の受領、領収

過去モン
101A-100
105C-93

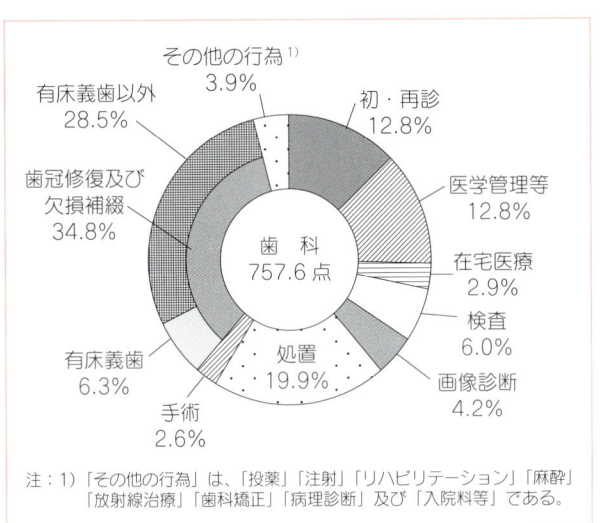

図7 診療行為別1日当たり点数の構成割合（令和2年6月審査分）
出典：令和2年社会医療診療行為別統計

過去モン
104C-38

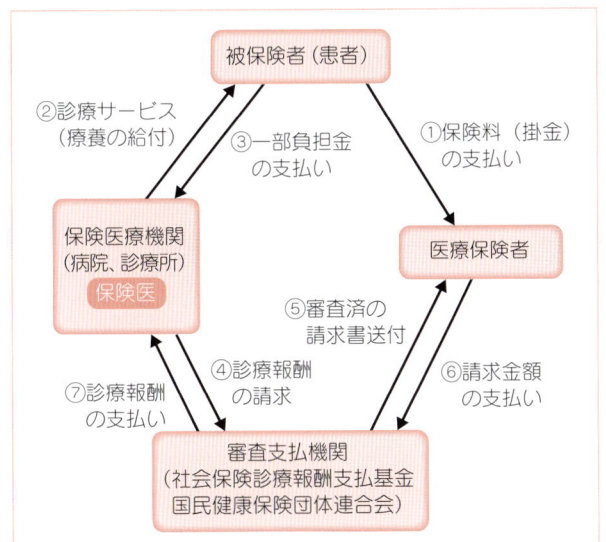

図8 保険診療の概念図
出典：厚生労働省ホームページ（我が国の医療保険について）

証の交付、診療録の記載及び整備、帳簿等の保存などが規定されている。また、保険医の療養担当等としては、特殊療法等の禁止、使用医薬品及び歯科材料、診療録の記載などが規定されているほか、歯科診療の具体的方針として、診察、投薬、処方せんの交付、注射、手術及び処置、歯冠修復及び欠損補綴、歯科矯正などに関して厳格にルールが規定されている。なお、保険診療に用いる診療録や処方せんについては、療担規則に基づく様式が例示されている。

5 診療報酬改定の仕組み

　診療報酬については消費税率引上げ等の場合を除き2年ごとに改定されているが、年末の予算編成過程を通じて内閣が決定した改定率を所与の前提として実施されることとなっている（表4）。前述したように国民医療費の財源として公費が多く

表4　診療報酬の改定状況

	診療報酬改定		ネット
	診療報酬本体全体の改定率	歯科改定率（％）	
平成24年度	＋1.38	＋1.70	＋0.004
26	＋0.73	＋0.99	＋0.10
28	＋0.49	＋0.61	▲0.84
30	＋0.55	＋0.69	▲1.19
令和元年度	＋0.41	＋0.57	▲0.07
2	＋0.55	＋0.59	▲0.46
4	＋0.43	＋0.29	▲0.94

厚生労働省の公表資料から作成
注：平成26年度及び令和元年度の歯科改定率には消費税率引上げに伴うコスト増への対応分を含む。

診療報酬改定は、
　①予算編成過程を通じて内閣が決定した改定率を所与の前提として、
　②社会保障審議会医療保険部会及び医療部会において策定された「基本方針」に基づき、
　③中央社会保険医療協議会において、具体的な診療報酬点数の設定等に係る審議を行い
実施されるものである。

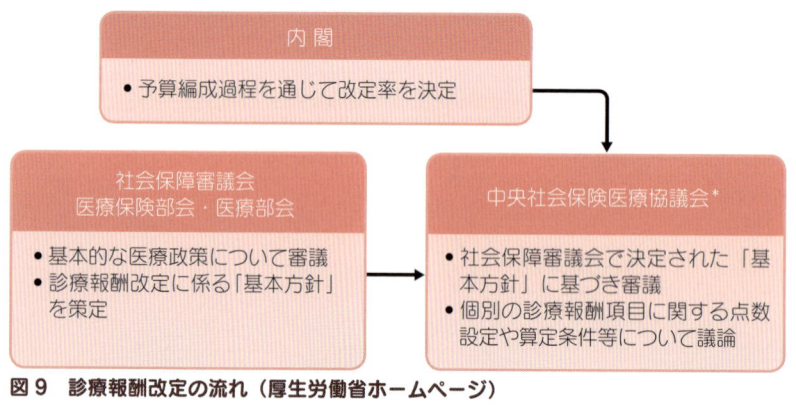

図9　診療報酬改定の流れ（厚生労働省ホームページ）

の割合を占めていることから、公費の増額の可否が診療報酬の改定率に大きな影響を及ぼすこととなる。**診療報酬の改定内容については、近年、社会保障審議会医療保険部会及び医療部会において策定された「基本方針」に基づいて決定される**こととなっており、中医協では基本方針を踏まえて個別具体的な診療報酬点数の設定や算定要件などに係る審議を行うこととなっている。中医協は支払側委員と診療側委員とが保険契約の両当事者として協議し、公益委員がこの両側委員を調整するといういわゆる「三者構成」をとっている。支払側委員は保険者や被保険者の代表7名、診療側委員は医師、歯科医師および薬剤師の代表7名が協議に参画している。一方、公益代表は6名となっており、その任命に当たっては国会の同意が必要とされている（図9）。中医協委員の構成は中央社会保険協議会法第3条に規定されているが、同条第1号に支払側委員、第2号に診療側委員が規定されていることから、それぞれの委員を1号側、2号側と称することがある。診療報酬の改定については、物価、賃金の動向、保険医療機関の経営状況、医療保険財政の状況などを総合的に勘案して行われることとされており、中医協が実施する保険医療機関や保険者等を対象と

表5 歯科診療所1施設当たりの損益状況（単位：千円、%）

（全体）	令和元年度 金額	令和元年度 構成比率	令和2年度 金額	令和2年度 構成比率	金額の伸び率
I 医業収益	56,684	99.3%	56,375	100.7%	−0.5%
II 介護収益	397	0.7%	408	0.7%	2.8%
III 医業・介護費用	45,550	79.8%	45,362	81.1%	−0.4%
IV 損益差額（I＋II−III）	11,532	20.2%	11,421	20.4%	—
施設数	625	—	625	—	—

注：「全体」とは、個人、医療法人のほか、市町村立などを含む全体である。令和2年度の医業収益には新型コロナ感染症関連の補助金を含むため、医業収益の構成比率は100％を超える。補助金を除いた金額は55,549千円、構成比率は99.3％である。
出典：第23回医療経済実態調査

する医療経済実態調査の結果なども参考にして検討が行われる。令和3年度に実施された第23回医療経済実態調査では、令和元年度および2年度の2期間について保険医療機関の医業経営の状況が調査されたところであり、歯科診療所の令和2年度の損益差額は前年度に比較するとやや減少した（表5）。**令和4年度の診療報酬改定では技術料にあたる診療報酬本体は0.43％増となっていたが、看護の処遇改善のための特例的な対応等を除く改定分は0.23％であり**、その内訳は、医科0.26％増、歯科0.29％増、調剤0.08％増であった。一方、薬価や材料価格が1.37％減となったことから、ネットの改定率は0.94％減（0.43−1.37＝△0.94）となった（表4）。

診療報酬改定に係る情報の入手方法

Q 「診療報酬改定」が実施される際の"改定情報"の入手方法を教えて下さい。

A 診療報酬改定（点数改正）は、原則として2年に1回行われる。

1．改定の手順
『4月改定』の手順について（時期は過去の例）。

1）改定幅決定；前年12月下旬
年末に、内閣は次年度予算の決定にあたり、医療費改定の有無、改定率などを決める。

2）中医協答申；2月中旬～下旬
厚生労働省より中医協（中央社会保険医療協議会）へ診療報酬改定内容について「諮問」が出され、中医協は改定項目と点数配分を厚生労働大臣宛に「答申」する。

3）厚生労働省告示；3月上旬～中旬
中医協「答申」に基づき、「告示」「省令」が出される（官報に掲載）。
告示の内容は、点数表の"区分""施設基準""材料価格基準"等である。

4）保険局通知；告示日若しくは告示日後
厚労省は告示等に係る"運用上の留意事項"などを「保発通知」（保険局長通知）、「保医発通知」（医療課長通知）等により、地方厚生（支）局長・都道府県知事、地方厚生（支）局医療課長・都道府県主管課長宛に通知する。地方厚生（支）局や都道府県宛の通知であるが、保険医療機関等が診療報酬請求を行ううえでの留意事項となる。

2．診療報酬改定の情報の入手方法

1）改定資料
①「通知」は官報には掲載されず、厚生労働省のホームページに掲げられる。また、医療関係の団体（歯科医師会等）を通じて医療機関へ伝達されたり、医療関係の雑誌に掲載される。
②改定内容の説明会等で使用される『点数表改正点の解説』は告示前に印刷された"予定・案"であり、実際の告示、通知と相違がある場合があるので注意する。

3 保険診療と医事・薬事関係法令

　一般に保険診療（療養の給付）は、保険医療機関として指定を受けた病院や診療所において、保険医の登録を受けた医師又は歯科医師が、診療報酬点数表に定める診療行為を行った場合に成立する。さらに保険診療に使用する医薬品や医療機器は厚生労働大臣が定めたものであることが要件となる。保険適用の有無にかかわらず、医療を提供する際の前提となる病院や診療所の定義や要件、医師や歯科医師の資格要件や業務、医薬品や医療機器の分類や承認審査のあり方については、医療法、医師法、歯科医師法、医薬品医療機器法等のさまざまな法令の規定に基づいて規制が行われている。本書では、歯科の保険診療に関連する医事・薬事関係法令について概説する。

1　保険診療と医療法関連の規定

❶ 病院および診療所

　病院および診療所は保険医療機関及び保険医療養担当規則（療担規則）では保険医療機関として一括されているが、病院および診療所の定義、開設や管理に関する要件は医療法に規定されている。同法で病院は 20 人以上の患者を入院させるための施設を有するものとされ、診療所は 19 人以下の患者を入院させるための施設を有するものとされている（医療法第 1 条の 5）。また、同法では病院の有する高度な機能等を評価しており、都道府県知事の承認を得て地域における医療の確保のために必要な支援を行う病院を地域医療支援病院、厚生労働大臣の承認を得て高度な医療の提供などを行う病院を特定機能病院として規定している（医療法第 4 条、第 4 条の 2）。保険診療においては、主に基本診療料で地域医療支援病院等の機能が評価されている（図 1）。

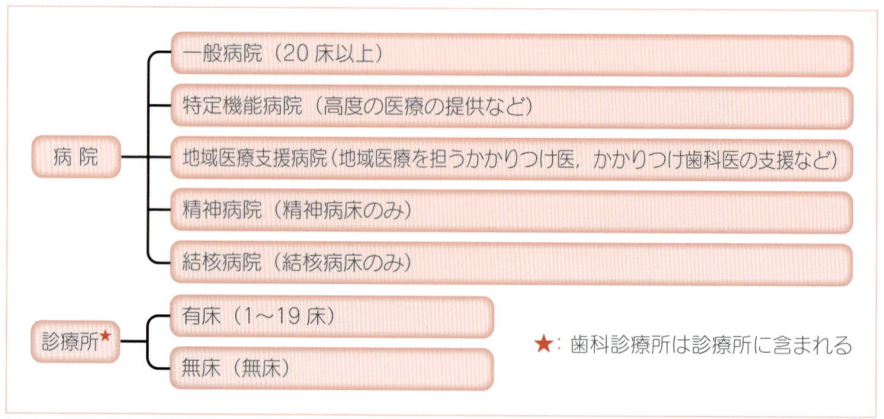

図 1　医療施設の分類

表1 医療の安全の確保（医療法）

1. 病院等の管理者は、法第6条の10の規定に基づき、次に掲げる安全管理のための体制を確保しなければならない。
   ① 医療に係る安全管理のための指針を整備すること
   ② 医療に係る安全管理のための委員会を開催すること（入院施設がある場合のみ）
   ③ 医療に係る安全管理のための職員研修を実施すること
   ④ 医療機関内における事故報告等の医療に係る安全の確保を目的とした改善のための方策を講ずること
2. 病院等の管理者は、前項各号に掲げる体制の確保に当たっては、次に掲げる措置を講じなければならない。
   ① 院内感染対策のための体制の確保に係る措置として次に掲げるもの
     イ．院内感染対策のための指針の策定
     ロ．院内感染対策のための委員会の開催（入院施設がある場合のみ）
     ハ．従業者に対する院内感染対策のための研修の実施
     ニ．当該病院等における感染症の発生状況の報告その他の院内感染対策の推進を目的とした改善のための方策の実施
   ② 医薬品に係る安全管理のための体制の確保に係る措置として次に掲げるもの
     イ．医薬品の安全使用のための責任者の配置
     ロ．従業者に対する医薬品の安全使用のための研修の実施
     ハ．医薬品の安全使用のための業務に関する手順書の作成及び当該手順書に基づく業務の実施
     ニ．医薬品の安全使用のために必要となる情報の収集その他の医薬品の安全使用を目的とした改善のための方策の実施
   ③ 医療機器に係る安全管理のための体制の確保に係る措置として次に掲げるもの
     イ．医療機器の安全使用のための責任者の配置
     ロ．従業者に対する医療機器の安全使用のための研修の実施
     ハ．医療機器の保守点検に関する計画の策定及び保守点検の適切な実施
     ニ．医療機器の安全使用のために必要となる情報の収集その他の医療機器の安全使用を目的とした改善のための方策の実施

（医療法施行規則第1条の11から引用）

1）診療所開設や保険診療のための手続き

　医療法第7条第1項の規定により、病院を開設する際は都道府県知事の許可を受けねばならない。一方、診療所を歯科医師自ら開設する場合は都道府県知事への届出のみで差支えないが、**平成18年4月以降に歯科医師免許を取得した者は臨床研修を修了していることが届出の要件とされている。**同様に病院や診療所の管理者は臨床研修を修了していることが要件となる（医療法第10条）。歯科医師が歯科医業の停止等の行政処分を受けた場合は、後述するように歯科医師法に基づいた再教育研修を修了していることが診療所の届出や管理者になる要件とされている。新たに開設した病院や診療所で保険診療を実施する場合は、健康保険法に基づいて、厚生労働大臣による保険医療機関の指定を受ける必要がある。ただし、指定の権限は地方厚生（支）局長に委任されている。なお、**病院や診療所の開設に関する手続きの実務は保健所で、保険医療機関の指定に関する手続きの実務は地方厚生（支）局で行われる。**

2 医療安全の確保

　医療安全の確保については、医療法第6条の10の規定により病院や診療所の管理者の責務とされている。具体的には同法施行規則第1条の11に基づき、安全管

表2 歯科外来診療環境体制加算1に関する施設基準

ア 歯科医療を担当する保険医療機関(歯科点数表の地域歯科診療支援病院歯科初診料にかかる施設基準に適合するものとして地方厚生局長等に届け出た保険医療機関を除く。)であること。
イ 歯科点数表の初診料の注1に係る施設基準の届出を行っていること。
ウ 偶発症に対する緊急時の対応、医療事故対策等の医療安全対策に係る研修を修了した常勤の歯科医師が1名以上配置されていること。
エ 歯科医師が複数名配置されていること又は歯科医師及び歯科衛生士がそれぞれ一名以上配置されていること。
オ 患者にとって安心で安全な歯科医療環境の提供を行うにつき次の十分な装置・器具等を有していること。また、自動体外式除細動器(AED)については保有していることがわかる院内掲示を行っていること。
　(イ) 自動体外式除細動器(AED)
　(ロ) 経皮的酸素飽和度測定器(パルスオキシメーター)
　(ハ) 酸素(人工呼吸・酸素吸入用のもの)
　(ニ) 血圧計
　(ホ) 救急蘇生セット
　(ヘ) 歯科用吸引装置
カ 診療における偶発症等緊急時に円滑な対応ができるよう、別の保険医療機関との事前の連携体制が確保されていること。ただし、医科歯科併設の保険医療機関にあっては、当該保険医療機関の医科診療科との連携体制が確保されている場合は、この限りでない。
キ 歯科用吸引装置等により、歯科ユニット毎に歯牙の切削や義歯の調整、歯の被せ物の調整時等に飛散する細かな物質を吸収できる環境を確保していること。
ク 当該保険医療機関の見やすい場所に、緊急時における連携保険医療機関との連携方法やその対応等、歯科診療に係る医療安全管理対策を実施している旨の院内掲示を行っていること。

(令和4年3月4日保医発0304第2号 基本診療料の施設基準等及びその届出に関する手続きの取扱いについて(通知)から引用)

理のための体制の確保を行うこととされており、院内感染対策のための体制の確保に係る措置、医薬品や医療機器に係る安全管理のための体制の確保に係る措置を講じることが義務とされている(表1)。この規定では医療安全の確保の観点から、医薬品や医療機器の安全使用に係る責任者を配置することが必要とされているが、**歯科診療所については歯科医師に加えて歯科衛生士を責任者に充てることが認められている**(平成19年3月30日医政発第0330010号、厚生労働省医政局長通知)。

1) 歯科外来診療環境体制加算と医療安全

医療安全に関係する診療報酬上の評価については、入院基本料等の加算で行われている事例が多いが、歯科診療報酬点数表(歯科点数表)においても歯科独自の評価として「A000 歯科初診料」の歯科外来診療環境体制加算などの例がある。歯科外来診療環境体制加算1(主に歯科診療所が該当する)の施設基準の場合、医療安全対策に係る研修を受けた常勤歯科医師の配置、歯科衛生士の配置、有すべき装置・器具などの要件が課されている(表2)。

2 保険診療と医薬品および医療機器に関連する規定

1 医薬品

医薬品、医療機器等の品質、有効性及び安全性の確保等に関する法律(医薬品医療機器法)では、医薬品、医薬部外品、医療機器、化粧品および再生医療等製品を規制の対象としているが、保険診療で保険医が主に取り扱うのは、医薬品と医療機

器である。**保険診療に関して療担規則第19条では、保険医は厚生労働大臣の定める医薬品や歯科材料を使用することが原則とされている。**医薬品は医療用医薬品と一般用医薬品に分類されるが、医療用医薬品は医師や歯科医師によって使用されるか、又は医師や歯科医師による処方せん若しくは指示によって使用されることを目的として供給される医薬品をいう。したがって、保険診療には医療用医薬品が使用されることとなるが、医薬品医療機器法には医療用医薬品の明確な定義は示されていない。なお、保険医が患者に医療用医薬品を処方する場合は、療担規則第23条に規定する様式又はこれに準ずる様式の処方せんに記載しなければならない（p54参照）。医薬品を製造販売する場合は医薬品医療機器法第14条に基づく厚生労働大臣の承認を必要とするが、保険診療で医薬品を使用する場合は医薬品医療機器法に基づく承認を受けていることに加え、療担規則第19条に規定する「厚生労働大臣の定めた医薬品（保険適用の医薬品）」であることが必要である。したがって、保険医が医療用医薬品を保険診療に使用する場合は、当該医薬品の保険適用の可否および対象疾患について留意することが必要である。なお、保険診療に使用される薬剤の品目と価格は「薬価基準」として厚生労働大臣名で告示されている。

1）一般用医薬品のネット販売解禁

一方、一般用医薬品は医師や歯科医師の処方せんを必要としない医薬品であり、薬局等で市販されている。大衆薬またはOTC医薬品とも称されている。一般用医薬品はさまざまな製品が販売されていることから、健康被害が生じるおそれを勘案し、3つの類型で区分されている（医薬品医療機器法第36条の7）。なお、一般用医薬品については、平成26年6月からインターネット販売が開始された。ただし、医療用医薬品から移行直後の品目や劇薬については安全性を考慮し、新たに「要指導医薬品」として区分されることになり、薬剤師による対面販売の対象に位置づけられている。

2 医療機器

医療機器は医薬品と同様に疾病の診断、治療、予防などに使用されるが、手用器具から大型機器に至るまで多種多様な製品が含まれている。そのため、人の生命や健康に与える影響を勘案し、「高度管理医療機器」、「管理医療機器」及び「一般医療機器」に区分されている。高度管理医療機器は副作用や機器の機能に障害が生じた場合に生命や健康に重大な影響を与えるおそれがあるため、適正な管理が必要な医療機器とされており、歯科領域では、顎骨内に埋入するインプラント材などが該当する。管理医療機器には口腔内に装着する歯科用金属材料や歯科治療に使用する診療用機器などが該当する。一般医療機器には患者に直接触れることのない歯科技工用器具などが該当する。

保険診療で医療機器を使用する場合は、医薬品と同様に、医薬品医療機器法に基づく承認を受けていることに加え、保険適用が認められている必要がある。医薬品医療機器法上の医療機器には医用材料や歯科材料も含まれているが、保険診療では

印象採得や咬合採得のように使用する材料の費用が処置や欠損補綴等の技術料に含まれて別に算定できない場合がある。これに対して、技術料とは別に使用する材料の費用が算定できる場合があり、歯科材料の例では、歯科用金属材料やコンポジットレジンなどが該当する。技術料とは別に費用を算定できる材料は診療報酬上、特定保険医療材料と称されており、それらの品目および単位当たりの価格は「材料価格基準」として厚生労働大臣名で告示されている。

3 医薬品および医療機器の承認審査

　医薬品や医療機器が保険適用されるためには、その前提として医薬品医療機器法第14条又は第23条の2の5に基づく厚生労働大臣の製造販売の承認を受けることが必要となる。この承認申請に当たっては、品質、有効性、安全性を確保する観点から、さまざまな非臨床試験に関する資料と臨床試験に関する資料を承認申請書に添付することとなっている（表3）。これらのデータの信頼性を確保するため、承認申請書に添付すべき資料を作成する際には、医薬品の場合は「医薬品の安全性に関する非臨床試験の実施の基準（GLP）」や「医薬品の臨床試験の実施の基準（GCP）」などを遵守することが必要とされている。医療機器についても同様の規定が整備されている。新医薬品の承認審査については、図2に示す方法で行われており、厚生労働大臣の承認を受けることによって申請者（製薬企業）は医薬品を製造販売できることとなる。ただし、市販後においても品質、有効性、安全性を確保する観点から、副作用調査等の義務が課されている。なお、医薬品や医療機器の承認申請に関する審査や調査の実務は医薬品医療機器法第14条の2の規定に基づき、独立行政法人医薬品医療機器総合機構で行われている。

　なお、医療機器については人体へのリスクの程度に応じて、高度管理医療機器、管理医療機器及び一般医療機器に区分されており、厚生労働大臣の承認を要するものは人体への侵襲度が高い高度管理医療機器が主に該当する。大半の管理医療機器は承認を必要とせず、厚生労働大臣の定めた基準への適合性を第三者認証機関が認証する仕組みとなっている。また、一般医療機器については、人体へのリスクが小さいことから、医薬品医療機器総合機構に届出ることにより製造販売が行える仕組みとなっている。

3　保険診療と歯科医療従事者各法の規定

1 歯科医師法

　保険医としての登録を受けるためには医師または歯科医師であることが前提であり、歯科医師の資格と業務について規制しているのが歯科医師法である。保険診療については療担規則第21条に歯科診療の具体的方針が規定されているが、歯科医師法における業務の規定よりも詳細なものとなっている。また、処方せんや診療録の記載事項については歯科医師法施行規則第20条および第22条に示されているが、療担規則では第22条および第23条に基づいて、それぞれの様式が示されてい

表3 医薬品・医療機器の承認申請書に添付する資料

1. 医薬品についての承認
   - イ 起原又は発見の経緯及び外国における使用状況等に関する資料
   - ロ 製造方法並びに規格及び試験方法等に関する資料
   - ハ 安定性に関する資料
   - ニ 薬理作用に関する資料
   - ホ 吸収、分布、代謝及び排泄に関する資料
   - ヘ 急性毒性、亜急性毒性、慢性毒性、遺伝毒性、催奇形性その他の毒性に関する資料
   - ト 臨床試験等の試験成績に関する資料
   - チ 法第52条第1項に規定する添付文書等記載事項に関する資料

2. 医療機器についての承認
   - イ 開発の経緯及び外国における使用状況等に関する資料
   - ロ 設計及び開発の検証に関する資料
   - ハ 法第41条第3項に規定する基準への適合性に関する資料
   - ニ リスクマネジメントに関する資料
   - ホ 製造方法に関する資料
   - ヘ 臨床試験の試験成績に関する資料又はこれに代替するものとして厚生労働省が認める資料
   - ト 医療機器の製造販売後の調査及び試験の実施の基準に関する省令第2条第1項に規定する製造販売後調査等の計画に関する資料
   - チ 法第63条の2第1項に規定する添付文書等記載事項に関する資料

医薬品、医療機器等の品質、有効性及び安全性の確保等に関する法律施行規則第40条および第114条の19から引用

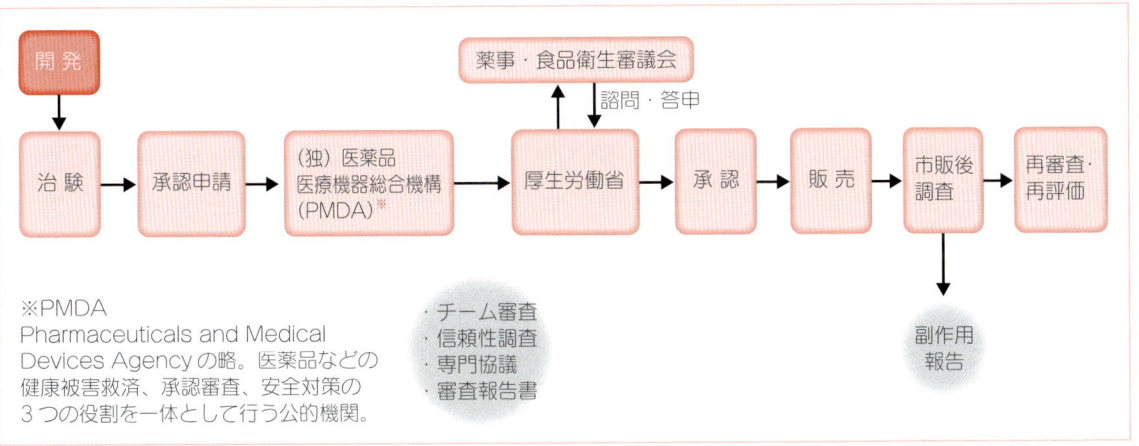

図2 新医薬品の承認審査の流れ

注 再審査：承認後にも新医薬品、新医療機器の使用成績等を調査し、安全性等を再確認する制度。
　 再評価：科学技術の進歩等に応じ、当初承認された有効性、安全性について見直しを行う制度。
（2020/2021年「国民衛生の動向」から引用）

る（p53、54）。診療録の保存期間は歯科医師法と同様に療担規則においても5年間と規定されている。なお、保険医が健康保険法等の規定に基づき保険医の登録取消しを受けた場合には、医道審議会の意見を聴いた上で、歯科医師法第7条に基づいた厚生労働大臣による処分（行政処分）を受けることがある。行政処分の内容が戒告または3年以内の歯科医業停止の場合は、歯科医師法第7条の2の規定により、再教育研修を受けることとなる。

2 歯科衛生士法

　歯科衛生士の業務は、歯科衛生士法で、歯科予防処置、歯科診療補助及び歯科保健指導に区分されている。保険診療の場合は歯科疾患を有する患者を対象とするので、歯科衛生士の業務の大半は保険医である歯科医師の指示に基づいて行われる歯科診療の補助に該当する。歯科点数表には「B001-2　歯科衛生実地指導料」等の歯科衛生士に特化した診療報酬が規定されているが、歯科医師の指示を受けて歯科衛生士が患者に対して行った場合は、療養の給付として所要の費用を算定できることとなる。平成24年の診療報酬改定において「I029　周術期専門的口腔衛生処置」が新設されるなど、近年、保険診療における歯科衛生士の役割が拡充されつつある。また、「A000　初診料」の歯科外来診療環境体制加算1の例（表2）で示したように、「歯科衛生士の配置」を診療報酬の算定に際しての施設基準に位置づけることも増えている。歯科衛生士が業務を行った場合は、歯科衛生士法施行規則第18条に基づき、業務記録を作成して3年間保存することが義務づけられている。療担規則第9条では帳簿や関係書類の3年間の保存義務が規定されているが、保険診療において作成された歯科衛生士業務記録もこれに該当することとなる。

3 歯科技工士法

　歯科技工士は歯科医師の指示に基づいて、特定患者の治療に用いる歯冠修復物や欠損補綴物の作製等を行っている。歯科技工所が歯科医師から委託を受けて歯科技工を行う場合は、歯科技工士法第18条に規定する歯科技工指示書に基づいて、業務を行うこととされている。当該指示書については、同法第19条によって2年間の保存が義務づけられている。また、その記載事項については、歯科技工士法施行規則第12条に規定されている（表4）。保険診療の場合、療担規則第9条で帳簿や関係書類について3年間の保存義務が定められていることから、歯科技工指示書を発行した保険医療機関では、当該指示書の写し等の委託の事実を確認できる書類や歯科技工物の納品書を3年間保存することが必要となる。なお、歯科点数表の第12部歯冠修復及び欠損補綴の通則において、製作技工に関する費用と製作管理に要する費用の目安が示されており、この製作技工に要する費用が一般に歯科技工委託に係る標準的な費用に相当するものと考えられている。また、同部の「M029　有床義歯修理」および「M030　有床義歯内面適合法」には歯科技工加算1及び2（有床義歯を預った当日に装着した場合は歯科技工加算1に該当、翌日に装着した場合

表4　歯科技工指示書の記載事項

1. 患者の氏名
2. 設計
3. 作成の方法
4. 使用材料
5. 発行の年月日
6. 発行した歯科医師の氏名及び当該歯科医師の勤務する病院又は診療所の所在地
7. 当該指示書による歯科技工が行われる場所が歯科技工所であるときは、その名称及び所在地

（歯科技工士法施行規則第12条から引用）

表5　歯科技工加算1及び2の施設基準

1. 歯科技工士を配置していること。
2. 歯科技工室及び歯科技工に必要な機器を整備していること。
3. 患者の求めに応じて、迅速に有床義歯を修理する体制が整備されている旨を院内掲示していること。

（令和4年3月4日厚生労働大臣告示第56号から引用）

は同2に該当）が設けられており、その施設基準として、保険医療機関に歯科技工士を配置していることなどが規定されている（表5）。

4 保険診療 (療養の給付)

1 保険診療の基本的な考え方

わが国は国民皆保険制度であるため、ほとんどの傷病の治療には健康保険や国民健康保険等の公的医療保険が適用されているが、この公的医療保険制度に基づいて行われる療養の給付が保険診療と称されている。実際に保険診療が成立するのは、公的医療保険（健康保険、国民健康保険等）に加入している患者（被保険者又はその被扶養者）が保険医療機関（病院又は診療所）を受診し、その保険医療機関に所属している保険医（医師又は歯科医師）から診療を受けた場合に限られるが、さらに、患者に対する保険医の診療手技や診療に使用された薬剤及び歯科材料が厚生労働大臣の認めたものに該当していること等が要件となる。保険診療は健康保険法等の医療保険関係各法に基づいて行われているが、本書では、加入者数が多く、被用者保険の中核となっている健康保険を例に保険診療の考え方を概説する。

2 保険診療の位置づけ (療養の給付)

保険診療は健康保険法に定める保険給付の種類の1つであり、法的には「療養の給付」として規定されている。健康保険法第63条第1項に「被保険者の疾病又は負傷に関しては、次に掲げる療養の給付を行う。」とされ、具体的には、「①診察、②薬剤又は治療材料の支給、③処置、手術その他の治療、④居宅における療養上の管理及びその療養に伴う世話その他の看護、⑤病院又は診療所への入院及びその療養に伴う世話その他の看護」が該当することとされている（表1）。したがって、保険医療機関に所属する保険医が前述の①〜⑤に該当する行為を患者（被保険者又はその被扶養者）に施した場合に患者に対する保険給付が行われたこととなる。患者は保険医療機関の窓口で保険診療に要した費用の一部負担金を支払うが、その残額については保険医療機関が保険者から支払を受けることとなる。なお、保険診療における患者に対する保険給付は金銭ではなく医療行為が提供されているので、一部負担金を除いた部分は現物給付と称されている。

3 保険医療機関と保険者の関係

保険診療における患者の一部負担金を除いた金額については、保険医療機関が保険者に請求することとなる。この請求の根拠については健康保険法第76条第1項に「保険者は療養の給付に関する費用を保険医療機関に支払う」旨が規定されており、さらに、保険医療機関が療養の給付に関し保険者に請求することができる費用の額は「被保険者が保険医療機関に支払わなければならない一部負担金に相当する

> **表1　療養の給付**
> （健康保険法第63条第1項）
> 　被保険者の疾病又は負傷に関しては、次に掲げる療養の給付を行う。
> 　1．診察
> 　2．薬剤又は治療材料の支給
> 　3．処置、手術その他の治療
> 　4．居宅における療養上の管理及びその療養に伴う世話その他の看護
> 　5．病院又は診療所への入院及びその療養に伴う世話その他の看護

> **表2　療養の給付に関する費用**
> （健康保険法第76条第1項）
> 　保険者は、療養の給付に関する費用を保険医療機関又は保険薬局に支払うものとし、保険医療機関又は保険薬局が療養の給付に関し保険者に請求することができる費用の額は、療養の給付に要する費用の額から、当該療養の給付に関し被保険者が当該保険医療機関又は保険薬局に対して支払わなければならない一部負担金に相当する額を控除した額とする。

金額を控除した額とする」旨が規定されていることによる。このように診療報酬の請求及びその支払いは健康保険法の条文に明記されているが、病院や診療所が保険医療機関の指定を受けていることで保険者との法的関係が形成される扱いとなっている（表2）。

　保険者は被保険者の医療保険を管掌する立場にあることから、保険料の徴収、保険給付及び資産の管理等を適切に行う責務があり、保険医療機関からの診療報酬請求については、適正な審査に基づき支払いを行う必要がある。しかし、診療報酬請求の審査については、医学・医療に関する専門的知識を必要とすることから、健康保険法第76条第5項に「保険者は審査及び支払に関する事務を社会保険診療報酬支払基金又は国民健康保険団体連合会に委託することができる」旨が規定されている。そのため、健康保険の場合、ほとんどの保険者が社会保険診療報酬支払基金に審査支払を委託している。

4　保険医療機関の指定及び保険医の登録

　健康保険法第63条第3項において、療養の給付を受けようとする者は、厚生労働大臣の指定を受けた病院もしくは診療所のうち、自己の選定するものから受けること等が規定されている。この「厚生労働大臣の指定を受けた病院もしくは診療所」が保険医療機関に該当するものであるが、厚生労働大臣の指定を受けるためには、同法第65条第1項に基づき医療機関の開設者が申請を行う必要がある。なお、同法第205条の規定に基づき、厚生労働大臣の権限は地方厚生（支）局長に委任されていることから、実際の保険医療機関の指定は地方厚生（支）局長によって行われている。病院や診療所が地方厚生（支）局長から保険医療機関の指定を受けることにより、健康保険の被保険者及びその被扶養者に対する保険診療（療養の給付）が実施できる要件が確保されるとともに、保険医療機関は保険者との間で診療報酬請求に関して法的な関係が形成されることとなる。

　さらに、健康保険法第64条に「保険医療機関において健康保険の診療に従事する医師もしくは歯科医師は厚生労働大臣の登録を受けた医師もしくは歯科医師でなければならない」旨が規定されているが、この厚生労働大臣の登録を受けた医師もしくは歯科医師を「保険医」と総称している。なお、健康保険法第71条に基づく

過去モン

施設と根拠法との組合せで正しいのはどれか。すべて選べ。
（105C-55改変）
a　保険医療機関——健康保険法
b　地域医療支援病院——地域保健法
c　市町村保健センター——健康増進法
d　特別養護老人ホーム——老人福祉法
e　介護療養型医療施設——介護保険法

（解答：a、d、e）

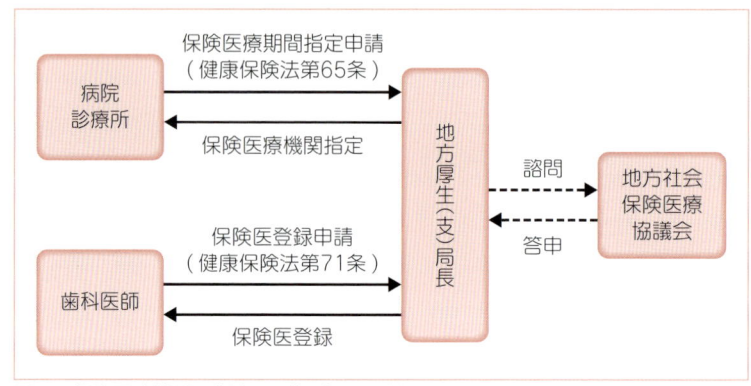

図1 保険医療機関の指定及び保険医の登録

保険医の登録については、保険医療機関の指定の場合と同様に権限は地方厚生（支）局長に委任されている。保険診療は地方厚生（支）局長の指定を受けた保険医療機関において、地方厚生（支）局長の登録を受けた保険医が健康保険の被保険者等を診療した場合に成立することから、保険医療機関の指定と保険医の登録を併せて、二重指定制と称されることもある（図1）。

5 保険診療の実際

保険医として保険診療（療養の給付）を適切に行うためには、診療内容自体が医学的に妥当適切であることに加え、健康保険法に基づく医療保険制度について理解していることが必要となる。保険診療を行った場合、その対価として診療報酬が支払われることとなるが、保険診療に要した費用の額は厚生労働大臣名の告示「診療報酬の算定方法」に基づいて算定することとなっている。歯科診療については、同告示の別表第二歯科診療報酬点数表が適用される。当該点数表には歯科診療行為に関わる個別の点数と算定の原則が示されているが、告示である点数表を補足する観点から、厚生労働省保険局医療課長及び歯科医療管理官名による留意事項通知が発出されており、算定要件の明確化が図られている。また、保険診療の実施に際して、保険医療機関及び保険医は、健康保険法第72条第1項に基づく厚生労働省令「保険医療機関及び保険医療養担当規則」を順守する責務があるが、当該規則は一般に「療養担当規則」又は「療担規則」と略されることが多い。

過去モン

保険医療機関の指定を行うのはどれか。1つ選べ。
（105C-93 改変）
a 保健所長
b 厚生労働大臣
c 都道府県知事
d 都道府県労働局長
e 日本歯科医師会長

（解答：b）

過去モン

保険医の登録を行うのはどれか。
（101A-100 改変）
a 保健所長
b 市町村長
c 都道府県知事
d 厚生労働大臣
e 日本歯科医師会会長

（解答：d）

5 保険外併用療養費制度（評価療養・患者申出療養・選定療養）

1 保険外併用療養費制度の位置づけ

　保険医療機関における一連の診療行為において保険診療と保険外診療を併用することは原則として認められていないが、その例外として位置づけられるのが保険外併用療養費制度であり、従前の特定療養費制度を見直し、平成18年10月から導入された。同制度の対象は厚生労働大臣の定める療養に限定されており、例外的に保険診療と保険外診療との併用が認められる場合において、そこで生じた費用の一部が医療保険から給付される扱いとなる。すなわち、保険外併用療養に要する費用のうち、通常の保険診療と共通する部分（診察・検査・投薬・入院料等）については一般の保険診療と同様に扱われ、当該部分に関して患者（被保険者又はその被扶養者）は一部負担金を支払うこととなり、残りの費用が保険外併用療養費（図1）として医療保険から給付される扱いとなる。

　保険診療と保険外診療との併用が認められる療養には「評価療養」と「選定療養」があり、本制度を取扱う保険医療機関が実施すべき事項として、①医療機関における掲示（患者の見やすい場所に評価療養又は選定療養の内容と費用等を掲示し患者が選択しやすいようにすること）、②患者の同意（事前に治療内容や負担金額等を患者に説明し同意を得ること）、③領収書の発行（患者が評価療養又は選定療養を受けた際の各費用について領収書を発行すること）等が定められている。

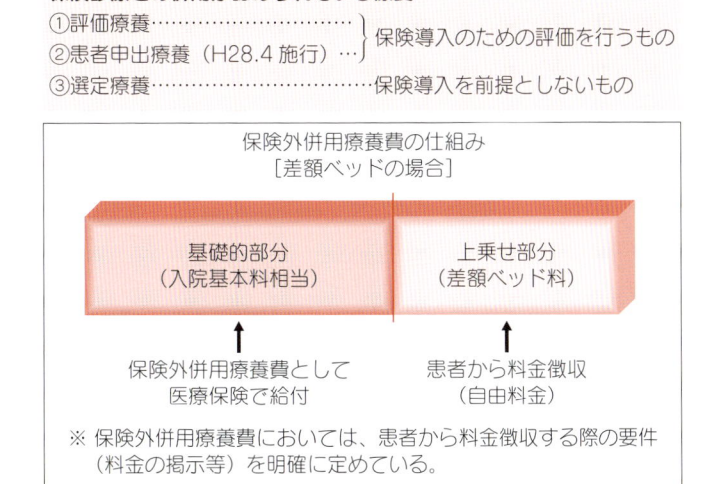

保険診療との併用が認められている療養
①評価療養 ……………………………… ｝保険導入のための評価を行うもの
②患者申出療養（H28.4施行）………
③選定療養 ……………………………… 保険導入を前提としないもの

保険外併用療養費の仕組み
[差額ベッドの場合]

基礎的部分 （入院基本料相当）	上乗せ部分 （差額ベッド料）
↑ 保険外併用療養費として 医療保険で給付	↑ 患者から料金徴収 （自由料金）

※ 保険外併用療養費においては、患者から料金徴収する際の要件（料金の掲示等）を明確に定めている。

図1　保険外併用療養費制度について
出典：厚生労働省「保険診療と保険外診療の併用について」および「先進医療の概要について」

2　評価療養

「評価療養」とは、厚生労働大臣が定める高度の医療技術を用いた療養その他の療養であって、将来的に保険給付の対象として認めるかどうかについて、適正な医療の効率化を図る観点から評価を行うことが必要な療養として厚生労働大臣が定めるものをいい、基礎的な部分を保険外併用療養費として保険給付する制度である。

患者の不当な自己負担が生じないよう、たとえば"先進医療"は医療機関等の届出に基づき、厚生労働大臣の設置する先進医療会議において個々の技術について審査・承認し、その内容や費用を明確化するとともに、それらの情報の院内での掲示等を義務付けている。

1 評価療養の種類

先進医療（高度医療を含む）
医薬品の治験に係る診療
医療機器の治験に係る診療
薬事法承認後で保険（薬価基準）収載前の医薬品の使用
薬事法承認後で保険収載前の医療機器の使用等
保険（薬価基準）収載医薬品の適応外使用（公知申請されたもの）
保険収載医療機器の適応外使用（公知申請されたもの）

3　患者申出療養

平成28年4月から保険外併用療養費制度に「患者申出療養」が設けられた（図2）。
未承認薬等を迅速に保険外併用療養として使用したいという困難な病気と闘う患者の申し出に応えるために新たな仕組みとして創設された。実施する医療機関からのデータの研究結果により科学的根拠に基づいて将来的には保険適用につなげる。

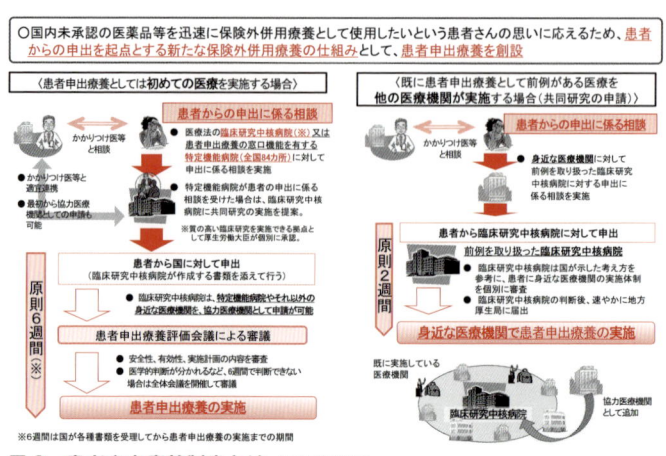

図2　患者申出療養制度とは（厚生労働省）

4 選定療養

「選定療養」とは、患者の選択に委ねることが適当なサービスについて、患者が自ら選択して追加的な費用を自己負担しつつ、基礎的部分について療養費の支給を受けながら診療を受けることを認める制度である。

1 選定療養の種類

・前歯部の金合金等、・金属床総義歯、・小児う蝕の継続的な指導管理
・特別の療養環境の提供（いわゆる差額ベッド）、・予約診療、・時間外診察、・200床以上の病院の未紹介患者の初診、・200床以上の病院の再診、・制限回数を超える医療行為、・180日を超える入院、・水晶体再建に使用する多焦点眼内レンズ

5 歯科領域の選定療養の取扱い

保険外併用療養を適正に実施するため、厚生労働省から具体的な運用方法（保医発0304第5号 令和4年3月4日 厚生労働省保険局医療課長、同歯科医療管理官通知）が示されている。当該通知において歯科領域の選定療養の取扱いは下記のように規定されている（※ 別紙様式は省略）。

1 金属床による総義歯の提供に関する事項

(1) 本制度は、有床義歯に係る患者のニーズの動向等を踏まえて創設されたものであること。
(2) 金属床総義歯とは、義歯床粘膜面の大部分が金属で構成されていて顎粘膜面にその金属が直接接触する形態で、なおかつ金属部分で咬合・咀嚼力の大部分を負担できる構造の総義歯をいうものであること。
(3) 金属床総義歯を提供する場合は熱可塑性樹脂を用いたものとみなして保険外併用療養費を支給するが、その費用は患者に対し実際に行った再診、顎運動関連検査、補綴時診断、印象採得、仮床試適、義歯製作（材料料を含む。）、装着及び新製有床義歯管理（1回のみ）に係る所定点数を合計して算出すること。
(4) 金属床総義歯に係る費用については、社会的にみて妥当適切なものでなければならないこと。
(5) 本制度に基づき、金属床総義歯に係る費用を徴収する保険医療機関は、金属床総義歯の概要及び金属床総義歯に係る費用について、あらかじめ院内の見やすい場所に患者にとってわかりやすく掲示しておかなければならないこと。
(6) 本制度が適用されるのは、患者に対して総義歯に関する十分な情報提供がなされ、医療機関との関係において患者の自由な選択と同意があった場合に限られるものであること。
(7) 保険医療機関が、保険外併用療養費及び特別の料金からなる金属床総義歯に係

る費用等を定めた場合又は変更しようとする場合は、※別紙様式5により地方厚生（支）局長にその都度報告するものとすること。
(8) 患者から金属床総義歯に係る費用徴収を行った保険医療機関は、患者に対し、保険外併用療養費の一部負担に係る徴収額と特別の料金に相当する自費負担に係る徴収額を明確に区分した当該費用徴収に係る領収書を交付するものとすること。
(9) 本制度に基づき、金属床総義歯の提供を行った保険医療機関は、毎年定期的に金属床総義歯に係る費用を含めた金属床総義歯の実施状況について、地方厚生（支）局長に報告するものとすること。

2 う蝕に罹患している患者の指導管理に関する事項

(1) 本制度は、小児う蝕の再発抑制に対するニーズが高まりつつあることを踏まえて創設されたものであること。
(2) 本制度の対象となる指導管理（以下「継続管理」という。）は、う蝕多発傾向を有しない13歳未満の患者であって継続的な管理を要するものに対するフッ化物局所応用又は小窩裂溝填塞による指導管理に限られるものとし、保険外併用療養費の額は、再診料、歯科疾患管理料及び歯科衛生実地指導料に係る所定点数を合計して算出すること。なお、13歳以上の患者については、本制度の対象としないこと。
(3) フッ化物局所応用及び小窩裂溝填塞に係る費用については、社会的にみて妥当適切なものでなければならないこと。
(4) 本制度に基づき、フッ化物局所応用及び小窩裂溝填塞に係る費用を徴収する保険医療機関は、継続管理の概要並びにフッ化物局所応用及び小窩裂溝填塞に係る費用について、あらかじめ院内の見やすい場所に患者にとってわかりやすく掲示しておかなければならないこと。
(5) 本制度が適用されるのは、患者又は患者の保護者に対して継続管理に関する十分な情報提供がなされ、医療機関との関係において患者の自由な選択と同意があった場合に限られるものとすること。
(6) 保険医療機関が、フッ化物局所応用及び小窩裂溝填塞に係る費用を定め又は変更しようとする場合は、※別紙様式7により地方厚生（支）局長に報告するものとすること。
(7) 患者又は患者の保護者からフッ化物局所応用及び小窩裂溝填塞に係る費用徴収を行った保険医療機関は、患者に対し、保険外併用療養費の一部負担に係る徴収額と特別の料金に相当する自費負担に係る徴収額を明確に区分した当該費用徴収に係る領収書を交付するものとすること。
(8) 本制度に基づき、継続管理の提供を行った保険医療機関は、毎年定期的にフッ化物局所応用及び小窩裂溝填塞に係る費用を含めた継続管理の実施状況について、地方厚生（支）局長に報告するものとすること。

3 前歯部の金属歯冠修復に使用する金合金又は白金加金の支給に関する事項

(1) 前歯部の金属歯冠修復に使用する金合金又は白金加金とは、金属歯冠修復であって、その金属として金合金又は白金加金を用いたものであること。なお、硬質レジン前装冠に用いる金合金又は白金加金は対象としないこと。

(2) 保険外併用療養費の額は、再診、補綴時診断、印象採得、咬合採得、金属歯冠修復製作（材料料を含む。）、装着に係る所定点数を合計して算出すること。

(3) 前歯部の金属歯冠修復に使用する金合金又は白金加金に係る費用については、社会的にみて妥当適切なものでなければならないこと。

(4) 本制度に基づき、前歯部の金属歯冠修復に使用する金合金又は白金加金に係る費用を徴収する保険医療機関は、金合金又は白金加金に係る費用について、あらかじめ院内の見やすい場所に患者にとってわかりやすく掲示しておかなければならないこと。

(5) 本制度が適用されるのは、患者に対して前歯部の金属歯冠修復に使用する金合金又は白金加金に関する十分な情報提供がなされ、医療機関との関係において患者の自由な選択と同意があった場合に限られるものであること。

(6) 保険医療機関が、前歯部の金属歯冠修復に使用する金合金又は白金加金に係る費用を定めた場合又は変更しようとする場合は、※別紙様式14により地方厚生（支）局長にその都度報告するものとすること。

(7) 患者から前歯部の金属歯冠修復に使用する金合金又は白金加金に係る費用徴収を行った保険医療機関は、患者に対し、保険外併用療養費の一部負担に係る徴収額と特別の料金に相当する自費負担に係る徴収額を明確に区分した当該費用徴収に係る領収書を交付するものとすること。

(8) 本制度に基づき、前歯部の金属歯冠修復の提供を行った保険医療機関は、毎年定期的に金合金又は白金加金の支給の実施状況について、地方厚生（支）局長に報告するものとすること。

6 いわゆる「混合診療」問題に対する厚生労働省の基本的考え方

　混合診療とは一連の治療のなかに保険診療と保険外診療の併用する診療であり、日本では、保険で認められている治療法と保険で認められていない治療法との併用は原則禁止しており、全体について自由診療として整理される。

1　いわゆる「混合診療」問題に対する厚生労働省の基本的考え方

1 いわゆる「混合診療」を無制限に導入した場合

　→わが国では「国民皆保険制度」があり、いつ、どこでも、誰でも保険診療により一定の自己負担額において必要な医療が提供されるにもかかわらず、患者に対して保険外の負担を求めることが一般化するとこの制度の基盤が崩壊を招く懸念がある。（患者の負担が不当に拡大するおそれ）

　→安全性、有効性等が確認されていない医療が保険診療と併せ実施されてしまう。（科学的根拠のない特殊な医療の実施を助長するおそれ）

　したがって、一定のルールの設定が不可欠であり、そこで「保険外併用療養費」として制度化された。

2 混合診療解禁論議の再燃

　東京地裁において平成19年11月7日、いわゆる「混合診療（図1）」を禁止している国の政策について、「禁止する法的根拠はない」として、違法であるとの司法判断が出された。国はこの判断を不服として控訴した。

混合診療（保険診療と保険外診療の併用）

保険で認められている治療法	保険で認められていない治療法
○○療法 ＋	○○療法

↓

保険診療と保険外診療の併用は原則として禁止しており、全体について、自由診療として整理される。

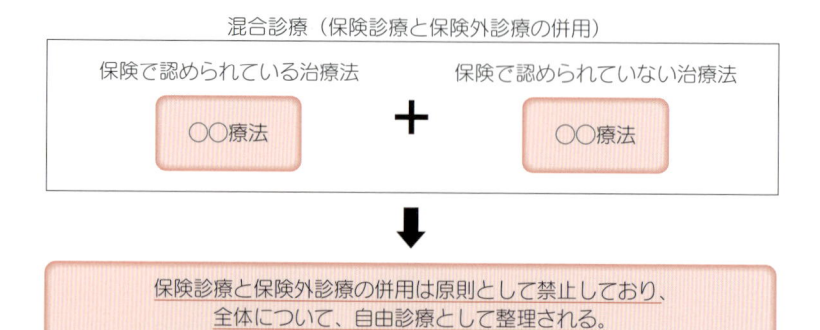

図1　いわゆる「混合診療」について（厚生労働省ホームページ）

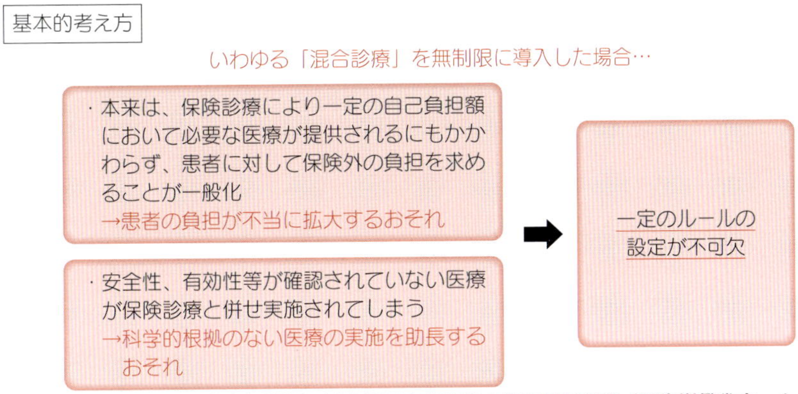

基本的考え方

いわゆる「混合診療」を無制限に導入した場合…

・本来は、保険診療により一定の自己負担額において必要な医療が提供されるにもかかわらず、患者に対して保険外の負担を求めることが一般化
→患者の負担が不当に拡大するおそれ

・安全性、有効性等が確認されていない医療が保険診療と併せ実施されてしまう
→科学的根拠のない医療の実施を助長するおそれ

→ 一定のルールの設定が不可欠

図2　いわゆる「混合診療」問題に対する厚生労働省の基本的考え方（厚生労働省ホームページ）

3 最高裁　混合診療「給付できないと解する」

　最高裁において平成23年10月25日、健康保険が適用される診療と対象外の診療を併用した「混合診療」を受けると医療費全額が原則自己負担になる制度の是非について、保険医療の安全性や有効性の確保と財源面から制限はやむを得ず、例外的な保険給付も認めているとして制度の合理性を認めた（図2）。(最判平23・10・25裁時1542・3)

4 患者申出療養の創設

　規制改革会議が提言した困難な病気と闘う患者の治療選択肢を拡大できるようにするため、厚労省は一定の手続き、ルールを定めて保険外併用療養費の支給が受けられる「患者申出療養費制度」を平成28年4月に創設し、いわゆる「混合診療論議」に区切りをつけた（p30参照）。

7 医療技術・医療機器の保険適用までの流れ

1 医療技術・医療機器の保険適用への道

　保険診療における医療技術や医療機器の新たな保険適用については、①新規又は既存の医療技術の保険適用（学会等からの提案書に基づく保険導入）、②先進医療技術の保険適用（先進医療の評価・検討に基づく保険導入）、③医療機器の保険適用（製造販売業者の希望書に基づく医用材料等の保険導入）に大別される。

1 新規又は既存の医療技術の保険適用

　医療技術を新たに保険適用するためには、学会等からの提案書（医療技術評価・再評価提案書）に基づき、幅広い観点からの評価が必要な医療技術として、中央社会保険医療協議会（中医協）に設置されている診療報酬調査専門組織・医療技術評価分科会において、保険適用の優先度等について専門的観点を踏まえた分野横断的な幅広い評価が行われる。この評価結果が中医協総会へ報告され、診療報酬の改定に際して、保険適用についての検討が行われる仕組みとなっている（図1）。令和4年度診療報酬改定に際し、歯科分野では口腔細菌定量検査、CAD/CAMインレー、チタン冠、レジン前装チタン冠、磁性アタッチメント等が保険導入された。

　なお、医療技術評価・再評価提案書を提出する団体としては、日本医学会分科会、内科系学会社会保険連合、外科系学会社会保険委員会連合、日本歯科医学会分科会、日本薬学会、看護系学会等社会保険連合があり、日本歯科医学会傘下には令和3年7月現在で46分科会が所属している（日本歯科医学会ホームページ参照）。

2 先進医療技術の保険適用

　先進医療技術の保険適用については、保険外併用療法の一種である評価療養（p30参照）として実施されている「先進医療」が対象となる。先進医療は、国民の安全性を確保し、患者負担の増大を防止するという観点から保険診療との併用を認めているものであり、先進医療会議での審査を経て、一定の施設基準に適合する保険医療機関が実施できる（図2）。先進医療を実施する保険医療機関は、定期的に厚生労働省に実績報告を行う必要があり、先進医療会議では、この実績報告等に基づき、技術的妥当性、社会的妥当性及び保険導入の必要性等について評価・検討を行っている。この評価・検討の結果が中医協総会へ報告され、診療報酬の改定に際して、保険適用についての検討が行われる仕組みとなっている（図3）。先進医療の対象は疾病の種類が多様で研究開発が活発な医科の技術が主体となっている。

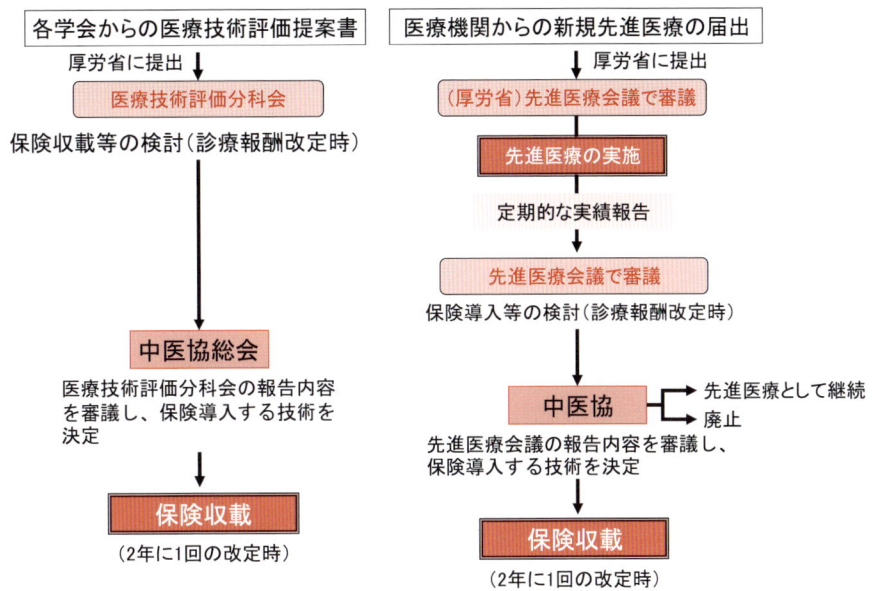

図1　保険収載までのながれ

①医療技術

各学会からの医療技術評価提案書
↓ 厚労省に提出
医療技術評価分科会
保険収載等の検討（診療報酬改定時）
↓
中医協総会
医療技術評価分科会の報告内容を審議し、保険導入する技術を決定
↓
保険収載
（2年に1回の改定時）

②先進医療

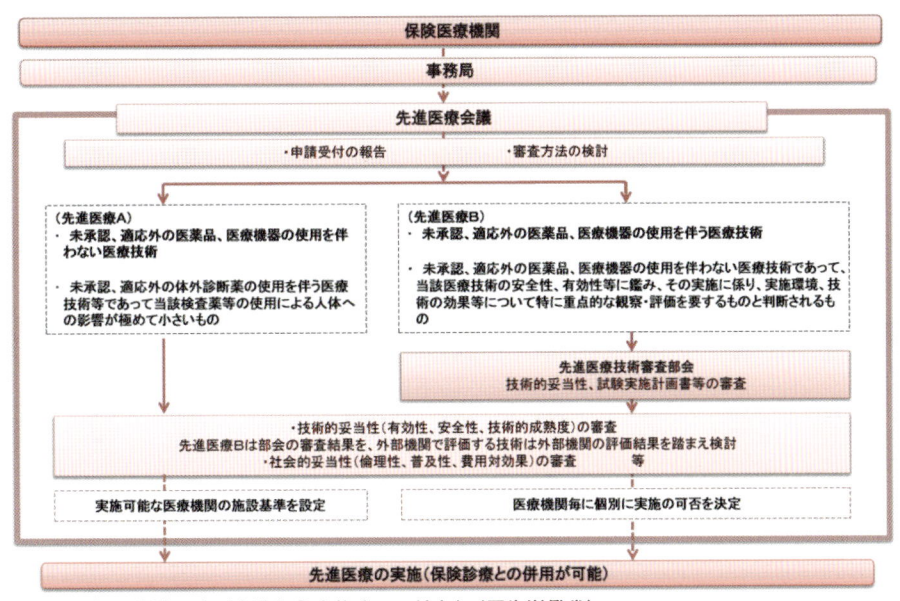

医療機関からの新規先進医療の届出
↓ 厚労省に提出
（厚労省）先進医療会議で審議
↓
先進医療の実施
↓ 定期的な実績報告
先進医療会議で審議
保険導入等の検討（診療報酬改定時）
↓
中医協 → 先進医療として継続／廃止
先進医療会議の報告内容を審議し、保険導入する技術を決定
↓
保険収載
（2年に1回の改定時）

図2　現行の先進医療（申請から実施までの流れ）（厚生労働省）

保険医療機関
↓
事務局
↓
先進医療会議
・申請受付の報告　・審査方法の検討

（先進医療A）
・未承認、適応外の医薬品、医療機器の使用を伴わない医療技術
・未承認、適応外の体外診断薬の使用を伴う医療技術等であって当該検査薬等の使用による人体への影響が極めて小さいもの

（先進医療B）
・未承認、適応外の医薬品、医療機器の使用を伴う医療技術
・未承認、適応外の医薬品、医療機器の使用を伴わない医療技術であって、当該医療技術の安全性、有効性等に鑑み、その実施に係り、実施環境、技術の効果等について特に重点的な観察・評価を要するものと判断されるもの

先進医療技術審査部会
技術的妥当性、試験実施計画書等の審査

・技術的妥当性（有効性、安全性、技術的成熟度）の審査
　先進医療Bは部会の審査結果を、外部機関で評価する技術は外部機関の評価結果を踏まえ検討
・社会的妥当性（倫理性、普及性、費用対効果）の審査　等

実施可能な医療機関の施設基準を設定　／　医療機関毎に個別に実施の可否を決定

↓
先進医療の実施（保険診療との併用が可能）

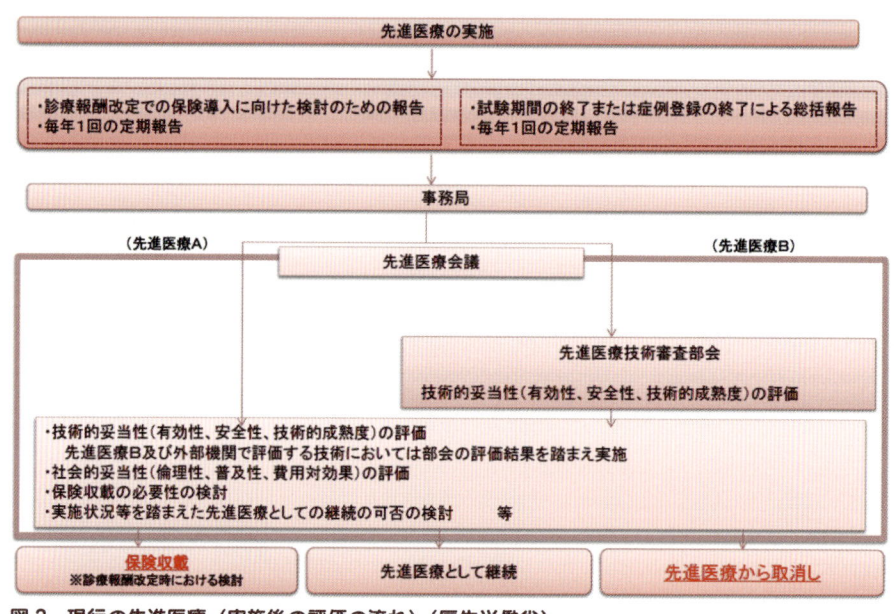

図3　現行の先進医療（実施後の評価の流れ）（厚生労働省）

3 医療機器の保険適用

　医薬品医療機器法に規定する医療機器には医用材料や歯科材料等も含まれている。これらの保険適用については、医療機器の製造販売業者が必要な資料を添付した保険適用希望書を厚生労働省に提出する必要がある。医療機器の保険適用は、①診療報酬点数表のいずれかの項目で包括的に評価されているもの、②材料価格基準（p61参照）に掲げられている機能区分のいずれかに該当するもの、③材料価格基準の機能区分に新たな設定が必要なもの又は新たな技術料を設定し評価すべきものに概ね区分される。業者からの保険適用希望書の提出を受け、国で①及び②について希望どおり保険適用することが適当と判断された場合は、比較的短期間で保険適用されることとなっている。一方、③については、保険適用希望書の提出を受け、保険医療材料等専門組織の専門的見地からの検討を経て保険適用区分の決定案が策定され製造販売業者に通知される。最終的には中医協総会の審議を経て、保険適用区分が決定されるが、新機能や新技術として決定された医療機器については、1年に4回を標準として保険適用されることとなっている（図4）。

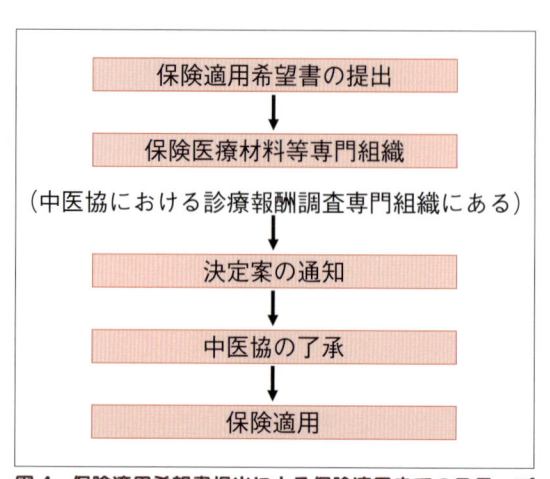

図4　保険適用希望書提出による保険適用までのステップ

8 保険医療機関及び保険医療養担当規則（療担規則）

1 健康保険法に基づく療担規則の位置づけ

　保険医療機関及び保険医療養担当規則（療担規則）は、健康保険法第72条第1項に基づき保険診療（療養の給付）を行う際の保険医療機関及び保険医の責務を規定している。**療担規則の前半部分（第1章）は保険医療機関の療養担当として、保険医療機関が順守すべき事項が列記されており、後半部分（第2章）には保険医が順守すべき診療方針等が具体的に列記されている。**療担規則には基本的な方針を示す条文と具体的な方針を示す条文が含まれているが、診療録や処方せんについては診療報酬請求に関わる重要な記録に位置づけられることから、同規則第22条及び第23条で様式が例示されている（別添資料1参照）。また、医療保険制度を適切に運営する観点から、健康保険法第2条には「医療保険の運営の効率化、給付の内容及び費用の負担の適正化並びに国民が受ける医療の質の向上を総合的に図りつつ、実施されなければならない。」と基本的理念が定められている。この理念と関連する事項として、同法第73条に保険医療機関及び保険医は厚生労働大臣の指導を受けなければならない旨が規定されているが、保険診療に要する財源は主に保険料や公費で賄われていることから、医療保険制度の運営に権限を有する国は「給付の内容及び費用の負担の適正化」を推進するために「療養の給付」に関し指導を行う責務を担っていることとなる。保険医療機関は常に適正な診療報酬請求を行うことが求められているが、法に基づく指導の結果、保険医療機関及び保険医が療担規則の規定に違反した状態で保険診療を行っているなど著しく不適当と認められる場合については、健康保険法第65条第3項及び健康保険法第71条第2項の規定に基づいて、保険医療機関の指定取消しや保険医の登録取消しに至る場合もある。

2 療担規則における保険医療機関の療養担当

　保険医療機関として順守すべき事項が列記されており、第1条には健康保険法第63条第1項と同様の保険診療で扱う「療養の給付の担当の範囲」が規定されている。以下、療養の給付の担当方針（第2条）として「懇切丁寧に療養の給付を担当しなければならない。」、適正な手続きの確保（第2条の3）として「療養の給付に関する費用の請求に関する手続きを適正に行なわなければならない。」、健康保険事業の健全な運営の確保（第2条の4）として「健康保険事業の健全な運営を損なうことのないよう努めなければならない。」、受給資格の確認（第3条）として「被保険者証によって療養の給付を受ける資格があることを確かめなければならない。」等が規定されている。さらに、一部負担金等の受領（第5条）、領収証等の交付（第5

条の2)、診療録の記載及び整備（第8条）、帳簿等の保存（第9条）等についても規定されている。

3 療担規則における保険医の療養方針等（医師及び歯科医師に共通する部分）

　保険医の療養方針等には、医師及び歯科医師に共通する部分、医師である保険医の具体的方針及び歯科医師である保険医の具体的方針が定められている。医師及び歯科医師に共通する部分について概説するが、最初に診療の一般的方針（第12条）として「保険医の診療は、一般に医師又は歯科医師として診療の必要があると認められる疾病又は負傷に対して、適確な診断をもととし、患者の健康の保持増進上妥当適切に行わなければならない。」と規定されている。以下、療養及び指導の基本準則（第13条）として「診療に当たっては懇切丁寧を旨とし、療養上必要な事項は理解し易いように指導しなければならない。」、診療に関する照会（第16条の2）として「診療した患者の疾病又は負傷に関し、他の保険医療機関又は保険医から照会があった場合には、これに適切に対応しなければならない。」、特殊療法等の禁止（第18条）として「特殊な療法又は新しい療法については、厚生労働大臣の定めるもののほか行ってはならない。」、使用医薬品及び歯科材料（第19条）として「厚生労働大臣の定める医薬品以外の薬物を患者に施用し、又は処方してはならない。歯科医師である保険医は、厚生労働大臣の定める歯科材料以外の歯科材料を歯冠修復及び欠損補綴において使用してはならない。」、診療録の記載（第22条）として「患者の診療を行った場合には、遅滞なく、様式第一号又はこれに準じる様式の診療録に、当該診療に関し必要な事項を記載しなければならない。」、処方せんの交付（第23条）として「処方せんを交付する場合には、様式第二号又はこれに準じる様式の処方せんに必要な事項を記載しなければならない。」、適正な費用の請求の確保（第23条の2）として「行った診療に関する情報の提供等について、保険医療機関が行う療養の給付に関する費用の請求が適正なものとなるよう努めなければならない。」等が規定されている。さらに、指導（第14条、第15条）、転医及び対診（第16条）、健康保険事業の健全な運営の確保（第19条の2）、特定の保険薬局への誘導の禁止（第19条の3）等についても規定されている。

4 療担規則における保険医の療養方針等（歯科診療の具体的方針）

　療担規則第21条には、歯科診療の具体的方針が列記されている。診察（第1号）として「診察は患者の職業上及び環境上の特性等を顧慮して行う。患者の服薬状況及び薬剤服用歴を確認しなければならない。健康診断は療養の給付の対象として行ってはならない。往診は診療上必要があると認められる場合に行う。各種の検査は診療上必要があると認められる場合に行う。各種の検査は研究の目的をもって行ってはならない。」等が規定されている。以下、手術及び処置（第5号）として「手術は必要があると認められる場合に行う。処置は必要の程度において行う。」、歯冠修復及び欠損補綴（第6号）として「歯冠修復は必要があると認められる場合に

行うとともに、これを行った場合は歯冠修復物の維持管理に努めるものとする。歯冠修復において金属を使用する場合は代用合金を使用するものとする。有床義歯は必要があると認められる場合に行う。鉤は金位14カラット合金又は代用合金を使用する。バーは代用合金を使用する。ブリッジは必要があると認められる場合に行うとともに、これを行った場合は、その維持管理に努めるものとする。」等が規定されている。代用合金とは保険診療（療養の給付）で使用される金銀パラジウム合金や銀合金等のことを意味するものである。さらに、投薬（第2号）、処方せんの交付（第3号）、注射（第4号）、リハビリテーション（第7号）、居宅における療養上の管理等（第7号の2）、入院（第8号）、歯科矯正（第9号）についても具体的方針が規定されている。

(別添資料1)

保険医療機関及び保険医療養担当規則

(昭32.4.30　厚生省令第15号)
(最終改正：令4.3.4　厚生労働省令第31号)

1　目　次

第1章　保険医療機関の療養担当（第1条-第11条の3）
第2章　保険医の診療方針等（第12条-第23条の2）
第3章　雑則（第24条）〈略〉
附　則　〈略〉

2　第1章　保険医療機関の療養担当

（療養の給付の担当の範囲）
第1条　保険医療機関が担当する療養の給付並びに被保険者及び被保険者であった者並びにこれらの者の被扶養者の療養（以下単に「療養の給付」という。）の範囲は、次のとおりとする。
一　診察
二　薬剤又は治療材料の支給
三　処置、手術その他の治療
四　居宅における療養上の管理及びその療養に伴う世話その他の看護
五　病院又は診療所への入院及びその療養に伴う世話その他の看護

（療養の給付の担当方針）
第2条　保険医療機関は、懇切丁寧に療養の給付を担当しなければならない。
2　保険医療機関が担当する療養の給付は、被保険者及び被保険者であった者並びにこれらの者の被扶養者である患者（以下単に「患者」という。）の療養上妥当適切なものでなければならない。

（診療に関する照会）
第2条の2　保険医療機関は、その担当した療養の給付に係る患者の疾病又は負傷に関し、他の保険医療機関から照会があった場合には、これに適切に対応しなければならない。

（適正な手続の確保）
第2条の3　保険医療機関は、その担当する療養の給付に関し、厚生労働大臣又は地方厚生局長若しくは地方厚生支局長に対する申請、届出等に係る手続及び療養の給付に関する費用の請求に係る手続を適正に行わなければならない。

（健康保険事業の健全な運営の確保）
第2条の4　保険医療機関は、その担当する療養の給付に関し、健康保険事業の健全な運営を損なうことのないよう努めなければならない。

（経済上の利益の提供による誘引の禁止）
第2条の4の2　保険医療機関は、患者に対して、第5条の規定により受領する費用の額に応じて当該保険医療機関が行う収益業務に係る物品の対価の額の値引きをすることその他の健康保険事業の健全な運営を損なうおそれのある経済上の利益の提

供により、当該患者が自己の保険医療機関において診療を受けるように誘引してはならない。

2　保険医療機関は、事業者又はその従業員に対して、患者を紹介する対価として金品を提供することその他の健康保険事業の健全な運営を損なうおそれのある経済上の利益を提供することにより、患者が自己の保険医療機関において診療を受けるように誘引してはならない。

（特定の保険薬局への誘導の禁止）

第2条の5　保険医療機関は、当該保険医療機関において健康保険の診療に従事している保険医（以下「保険医」という。）の行う処方箋の交付に関し、患者に対して特定の保険薬局において調剤を受けるべき旨の指示等を行ってはならない。

2　保険医療機関は、保険医の行う処方箋の交付に関し、患者に対して特定の保険薬局において調剤を受けるべき旨の指示等を行うことの対価として、保険薬局から金品その他の財産上の利益を収受してはならない。

（掲示）

第2条の6　保険医療機関は、その病院又は診療所内の見やすい場所に、第5条の3第4項、第5条の3の2第4項及び第5条の4第2項に規定する事項のほか、別に厚生労働大臣が定める事項を掲示しなければならない。

（受給資格の確認）

第3条　保険医療機関は、患者から療養の給付を受けることを求められた場合には、その者の提出する被保険者証によって療養の給付を受ける資格があることを確かめなければならない。ただし、緊急やむを得ない事由によって被保険者証を提出することができない患者であって、療養の給付を受ける資格が明らかなものについては、この限りでない。

（要介護被保険者等の確認）

第3条の2　保険医療機関等は、患者に対し、訪問看護、訪問リハビリテーションその他の介護保険法（平成9年法律第123号）第8条第1項に規定する居宅サービス又は同法第8条の2第1項に規定する介護予防サービスに相当する療養の給付を行うに当たっては、同法第12条第3項に規定する被保険者証の提示を求めるなどにより、当該患者が同法第62条に規定する要介護被保険者等であるか否かの確認を行うものとする。

（被保険者証の返還）

第4条　保険医療機関は、当該患者に対する療養の給付を担当しなくなったとき、その他正当な理由により当該患者から被保険者証の返還を求められたときは、これを遅滞なく当該患者に返還しなければならない。ただし、当該患者が死亡した場合は、健康保険法（大正11年法律第70号。以下「法」という。）第100条、第105条又は第113条の規定により埋葬料、埋葬費又は家族埋葬料を受けるべき者に返還しなければならない。

（一部負担金等の受領）

第5条　保険医療機関は、被保険者又は被保険者であった者については法第74条の規定による一部負担金、法第85条に規定する食事療養標準負担額（同条第2項の規定により算定した費用の額が標準負担額に満たないときは、当該費用の額とする。以下単に「食事療養標準負担額」という。）、法第85条の2に規定する生活療養標準負担額（同条第2項の規定により算定した費用の額が生活療養標準負担額に満たない

ときは、当該費用の額とする。以下単に「生活療養標準負担額」という。）又は法第86条の規定による療養（法第63条第2項第1号に規定する食事療養（以下「食事療養」という。）及び同項第2号に規定する生活療養（以下「生活療養」という。）を除く。）についての費用の額に法第74条第1項各号に掲げる場合の区分に応じ、同項各号に定める割合を乗じて得た額（食事療養を行った場合においては食事療養標準負担額を加えた額とし、生活療養を行った場合においては生活療養標準負担額を加えた額とする。）の支払を、被扶養者については法第76条第2項、第85条第2項、第85条の2第2項又は第86条第2項第1号の費用の額の算定の例により算定された費用の額から法第110条の規定による家族療養費として支給される額に相当する額を控除した額の支払を受けるものとする。

2　保険医療機関は、食事療養に関し、当該療養に要する費用の範囲内において法第85条第2項又は第110条第3項の規定により算定した費用の額を超える金額の支払を、生活療養に関し、当該療養に要する費用の範囲内において法第85条の2第2項又は第110条第3項の規定により算定した費用の額を超える金額の支払を、法第63条第2項第3号に規定する評価療養（以下「評価療養」という。）又は同項第4号に規定する患者申出療養（以下「患者申出療養」という。）又は同項第5号に規定する選定療養（以下「選定療養」という。）に関し、当該療養に要する費用の範囲内において法第86条第2項又は第110条第3項の規定により算定した費用の額を超える金額の支払を受けることができる。

3　保険医療機関のうち、医療法（昭和23年法律第205号）第7条第2項第5号に規定する一般病床（以下「一般病床」という。）を有する同法第4条第1項に規定する地域医療支援病院（一般病床の数が200未満であるものを除く。）、同法4条の2の第1項に規定する特定機能病院及び同法第30条の18の2第1項に規定する外来機能報告対象病院等（同法第30条の18の4第1項第2号の規定に基づき、同法第30条の18の2第1項第1号の厚生労働省令で定める外来医療を提供する基幹的な病院として都道府県が公表したものに限り、一般病床の数が200未満であるものを除く。）であるものは、法第70条第3項に規定する保険医療機関相互間の機能の分担及び業務の連携のための措置として、次に掲げる措置を講ずるものとする。
　一　患者の病状その他の患者の事情に応じた適切な他の保険医療機関を当該患者に紹介すること。
　二　選定療養（厚生労働大臣の定めるものに限る。）に関し、当該療養に要する費用の範囲内において厚生労働大臣の定める金額以上の金額の支払を求めること（厚生労働大臣の定める場合を除く。）。

（領収証等の交付）

第5条の2　保険医療機関は、前条の規定により患者から費用の支払を受けるときは、正当な理由がない限り、個別の費用ごとに区分して記載した領収証を無償で交付しなければならない。

2　厚生労働大臣の定める保険医療機関は、前項に規定する領収証を交付するときは、正当な理由がない限り、当該費用の計算の基礎となった項目ごとに記載した明細書を交付しなければならない。ただし、領収証を交付するに当たり明細書を常に交付することが困難であることについて正当な理由がある場合は、患者から求められたときに交付することで足りるものとする。

3　前項に規定する明細書の交付は、正当な理由がある場合を除き、無償で行わなけ

ればならない。

第5条の2の2　前条第2項の厚生労働大臣の定める保険医療機関は、公費負担医療（厚生労働大臣の定めるものに限る。）を担当した場合（第5条第1項の規定により患者から費用の支払を受ける場合を除く。）において、正当な理由がない限り、当該公費負担医療に関する費用の請求に係る計算の基礎となった項目ごとに記載した明細書を交付しなければならない。

2　前項に規定する明細書の交付は、無償で行わなければならない。

（食事療養）

第5条の3　保険医療機関は、その入院患者に対して食事療養を行うに当たっては、病状に応じて適切に行うとともに、その提供する食事の内容の向上に努めなければならない。

2　保険医療機関は、食事療養を行う場合には、次項に規定する場合を除き、食事療養標準負担額の支払を受けることにより食事を提供するものとする。

3　保険医療機関は、第5条第2項の規定による支払を受けて食事療養を行う場合には、当該療養にふさわしい内容のものとするほか、当該療養を行うに当たり、あらかじめ、患者に対しその内容及び費用に関して説明を行い、その同意を得なければならない。

4　保険医療機関は、その病院又は診療所の病棟等の見やすい場所に、前項の療養の内容及び費用に関する事項を掲示しなければならない。

（生活療養）

第5条の3の2　保険医療機関は、その入院患者に対して生活療養を行うに当たっては、病状に応じて適切に行うとともに、その提供する食事の内容の向上並びに温度、照明及び給水に関する適切な療養環境の形成に努めなければならない。

2　保険医療機関は、生活療養を行う場合には、次項に規定する場合を除き、生活療養標準負担額の支払を受けることにより食事を提供し、温度、照明及び給水に関する適切な療養環境を形成するものとする。

3　保険医療機関は、第5条第2項の規定による支払を受けて生活療養を行う場合には、当該療養にふさわしい内容のものとするほか、当該療養を行うに当たり、あらかじめ、患者に対しその内容及び費用に関して説明を行い、その同意を得なければならない。

4　保険医療機関は、その病院又は診療所の病棟等の見やすい場所に、前項の療養の内容及び費用に関する事項を掲示しなければならない。

（保険外併用療養費に係る療養の基準等）

第5条の4　保険医療機関は、評価療養、患者申出療養又は選定療養に関して第5条第2項又は第3項第2号の規定による支払を受けようとする場合において、当該療養を行うに当たり、その種類及び内容に応じて厚生労働大臣の定める基準に従わなければならないほか、あらかじめ、患者に対しその内容及び費用に関して説明を行い、その同意を得なければならない。

2　保険医療機関は、その病院又は診療所の見やすい場所に、前項の療養の内容及び費用に関する事項を掲示しなければならない。

（証明書等の交付）

第6条　保険医療機関は、患者から保険給付を受けるために必要な保険医療機関又は保険医の証明書、意見書等の交付を求められたときは、無償で交付しなければなら

ない。ただし、法第87条第1項の規定による療養費（柔道整復を除く施術に係るものに限る。）、法第99条第1項の規定による傷病手当金、法第101条の規定による出産育児一時金、法第102条第1項の規定による出産手当金又は法第114条の規定による家族出産育児一時金に係る証明書又は意見書については、この限りでない。

（指定訪問看護の事業の説明）

第7条　保険医療機関は、患者が指定訪問看護事業者（法第88条第1項に規定する指定訪問看護事業者並びに介護保険法第41条第1項本文に規定する指定居宅サービス事業者（訪問看護事業を行う者に限る。）及び同法第53条第1項に規定する指定介護予防サービス事業者（介護予防訪問看護事業を行う者に限る。）をいう。以下同じ。）から指定訪問看護(法第88条第1項に規定する指定訪問看護並びに介護保険法第41条第1項本文に規定する指定居宅サービス（同法第8条第4項に規定する訪問看護の場合に限る。）及び同法第53条第1項に規定する指定介護予防サービス（同法第8条の2第4項に規定する介護予防訪問看護の場合に限る。）をいう。以下同じ。）を受ける必要があると認めた場合には、当該患者に対しその利用手続、提供方法及び内容等につき十分説明を行うよう努めなければならない。

（診療録の記載及び整備）

第8条　保険医療機関は、第22条の規定による診療録に療養の給付の担当に関し必要な事項を記載し、これを他の診療録と区別して整備しなければならない。

（帳簿等の保存）

第9条　保険医療機関は、療養の給付の担当に関する帳簿及び書類その他の記録をその完結の日から3年間保存しなければならない。ただし、患者の診療録にあっては、その完結の日から5年間とする。

（通知）

第10条　保険医療機関は、患者が次の各号の一に該当する場合には、遅滞なく、意見を付して、その旨を全国健康保険協会又は当該健康保険組合に通知しなければならない。
　一　家庭事情等のため退院が困難であると認められたとき。
　二　闘争、泥酔又は著しい不行跡によって事故を起したと認められたとき。
　三　正当な理由がなくて、療養に関する指揮に従わないとき。
　四　詐欺その他不正な行為により、療養の給付を受け、又は受けようとしたとき。

（入院）

第11条　保険医療機関は、患者の入院に関しては、療養上必要な寝具類を具備し、その使用に供するとともに、その病状に応じて適切に行い、療養上必要な事項について適切な注意及び指導を行わなければならない。

2　保険医療機関は、病院にあっては、医療法の規定に基づき許可を受け、若しくは届出をし、又は承認を受けた病床の数の範囲内で、診療所にあっては、同法の規定に基づき許可を受け、若しくは届出をし、又は通知をした病床数の範囲内で、それぞれ患者を入院させなければならない。ただし、災害その他のやむを得ない事情がある場合は、この限りでない。

（看護）

第11条の2　保険医療機関は、その入院患者に対して、患者の負担により、当該保険医療機関の従業者以外の者による看護を受けさせてはならない。

2　保険医療機関は、当該保険医療機関の従業者による看護を行うため、従業者の確

保等必要な体制の整備に努めなければならない。
（報告）
第11条の3　保険医療機関は、厚生労働大臣が定める療養の給付の担当に関する事項について、地方厚生局長又は地方厚生支局長に定期的に報告を行わなければならない。
2　前項の規定による報告は、当該保険医療機関の所在地を管轄する地方厚生局又は地方厚生支局の分室がある場合においては、当該分室を経由して行うものとする。

3　第2章　保険医の診療方針等

（診療の一般的方針）
第12条　保険医の診療は、一般に医師又は歯科医師として診療の必要があると認められる疾病又は負傷に対して、適確な診断をもととし、患者の健康の保持増進上妥当適切に行われなければならない。
（療養及び指導の基本準則）
第13条　保険医は、診療に当たっては、懇切丁寧を旨とし、療養上必要な事項は理解し易いように指導しなければならない。
（指導）
第14条　保険医は、診療に当たっては常に医学の立場を堅持して、患者の心身の状態を観察し、心理的な効果をも挙げることができるよう適切な指導をしなければならない。
第15条　保険医は、患者に対し予防衛生及び環境衛生の思想のかん養に努め、適切な指導をしなければならない。
（転医及び対診）
第16条　保険医は、患者の疾病又は負傷が自己の専門外にわたるものであるとき、又はその診療について疑義があるときは、他の保険医療機関へ転医させ、又は他の保険医の対診を求める等診療について適切な措置を講じなければならない。
（診療に関する照会）
第16条の2　保険医は、その診療した患者の疾病又は負傷に関し、他の保険医療機関又は保険医から照会があった場合には、これに適切に対応しなければならない。
（施術の同意）
第17条　保険医は、患者の疾病又は負傷が自己の専門外にわたるものであるという理由によって、みだりに、施術業者の施術を受けさせることに同意を与えてはならない。
（特殊療法等の禁止）
第18条　保険医は、特殊な療法又は新しい療法等については、厚生労働大臣の定めるもののほか行ってはならない。
（使用医薬品及び歯科材料）
第19条　保険医は、厚生労働大臣の定める医薬品以外の薬物を患者に施用し、又は処方してはならない。ただし、薬事法（昭和35年法律第145号）第2条第16項に規定する治験（以下「治験」という。）に係る診療において、当該治験の対象とされる薬物を使用する場合その他厚生労働大臣が定める場合においては、この限りでない。
2　歯科医師である保険医は、厚生労働大臣の定める歯科材料以外の歯科材料を歯冠修復及び欠損補綴において使用してはならない。ただし、治験に係る診療において、当該治験の対象とされる機械器具等を使用する場合その他厚生労働大臣が定める場

合においては、この限りでない。

（健康保険事業の健全な運営の確保）

第19条の2　保険医は、診療に当たっては、健康保険事業の健全な運営を損なう行為を行うことのないよう努めなければならない。

（特定の保険薬局への誘導の禁止）

第19条の3　保険医は、処方箋の交付に関し、患者に対して特定の保険薬局において調剤を受けるべき旨の指示等を行ってはならない。

2　保険医は、処方箋の交付に関し、患者に対して特定の保険薬局において調剤を受けるべき旨の指示等を行うことの対償として、保険薬局から金品その他の財産上の利益を収受してはならない。

（指定訪問看護事業との関係）

第19条の4　医師である保険医は、患者から訪問看護指示書の交付を求められ、その必要があると認めた場合には、速やかに、当該患者の選定する訪問看護ステーション（指定訪問看護事業者が当該指定に係る訪問看護事業を行う事業所をいう。以下同じ。）に交付しなければならない。

2　医師である保険医は、訪問看護指示書に基づき、適切な訪問看護が提供されるよう、訪問看護ステーション及びその従業者からの相談に際しては、当該指定訪問看護を受ける者の療養上必要な事項について適切な注意及び指導を行わなければならない。

（診療の具体的方針）

第20条　医師である保険医の診療の具体的方針は、前12条の規定によるほか、次に掲げるところによるものとする。

　一　診察
　　イ　診察は、特に患者の職業上及び環境上の特性等を顧慮して行う。
　　ロ　診察を行う場合は、患者の服薬状況及び薬剤服用歴を確認しなければならない。ただし、緊急やむを得ない場合については、この限りではない。
　　ハ　健康診断は、療養の給付の対象として行ってはならない。
　　ニ　往診は、診療上必要があると認められる場合に行う。
　　ホ　各種の検査は、診療上必要があると認められる場合に行う。
　　ヘ　ホによるほか、各種の検査は、研究の目的をもって行ってはならない。ただし、治験に係る検査については、この限りでない。

　二　投薬
　　イ　投薬は、必要があると認められる場合に行う。
　　ロ　治療上1剤で足りる場合には1剤を投与し、必要があると認められる場合に2剤以上を投与する。
　　ハ　同一の投薬は、みだりに反覆せず、症状の経過に応じて投薬の内容を変更する等の考慮をしなければならない。
　　ニ　投薬を行うに当たっては、薬事法第14条の4第1項各号に掲げる医薬品（以下「新医薬品等」という。）とその有効成分、分量、用法、用量、効能及び効果が同一性を有する医薬品として、同法第14条又は第19条の2の規定による製造販売の承認（以下「承認」という。）がなされたもの（ただし、同法第14条の4第1項第2号に掲げる医薬品並びに新医薬品等に係る承認を受けている者が、当該承認に係る医薬品と有効成分、分量、用法、用量、効能及び効

果が同一であってその形状、有効成分の含量又は有効成分以外の成分若しくはその含量が異なる医薬品に係る承認を受けている場合における当該医薬品を除く。）（以下「後発医薬品」という。）の使用を考慮するとともに、患者に後発医薬品を選択する機会を提供すること等患者が後発医薬品を選択しやすくするための対応に努めなければならない。

　ホ　栄養、安静、運動、職場転換その他療養上の注意を行うことにより、治療の効果を挙げることができると認められる場合は、これらに関し指導を行い、みだりに投薬をしてはならない。

　ヘ　投薬量は、予見することができる必要期間に従ったものでなければならない。この場合において、厚生労働大臣が定める内服薬及び外用薬については当該厚生労働大臣が定める内服薬及び外用薬ごとに1回14日分、30日分又は90日分を限度とする。

　ト　注射薬は、患者に療養上必要な事項について適切な注意及び指導を行い、厚生労働大臣の定める注射薬に限り投与することができることとし、その投与量は、症状の経過に応じたものでなければならず、厚生労働大臣が定めるものについては当該厚生労働大臣が定めるものごとに1回14日分、30日分又は90日分を限度とする。

三　処方箋の交付

　イ　処方箋の使用期間は、交付の日を含めて4日以内とする。ただし、長期の旅行等特殊の事情があると認められる場合は、この限りでない。

　ロ　イの規定にかかわらず、リフィル処方箋（保険医が診療に基づき、別に厚生労働大臣が定める医薬品以外の医薬品を処方する場合に限り、複数回（3回までに限る。）の使用を認めた処方箋をいう。以下同じ。）の2回目以降の使用期間は、直近の該当リフィル処方箋の使用による前号への必要期間が終了する日の前後7日以内とする。

　ハ　イ及びロによるほか、処方箋の交付に関しては、前号に定める投薬の例による。ただし、当該処方箋がリフィル処方箋である場合における同号の規定の適用については、同号ヘ中「投薬量」とあるのは、「リフィル処方箋の1回の使用による投薬量及び当該リフィル処方箋の複数回の使用による合計の投薬量」とし、同号ヘ後段の規定は、適用しない。

四　注射

　イ　注射は、次に掲げる場合に行う。

　(1)　経口投与によって胃腸障害を起すおそれがあるとき、経口投与をすることができないとき、又は経口投与によっては治療の効果を期待することができないとき。

　(2)　特に迅速な治療の効果を期待する必要があるとき。

　(3)　その他注射によらなければ治療の効果を期待することが困難であるとき。

　ロ　注射を行うに当たっては、後発医薬品の使用を考慮するよう努めなければならない。

　ハ　内服薬との併用は、これによって著しく治療の効果を挙げることが明らかな場合又は内服薬の投与だけでは治療の効果を期待することが困難である場合に限って行う。

　ニ　混合注射は、合理的であると認められる場合に行う。

ホ　輸血又は電解質若しくは血液代用剤の補液は、必要があると認められる場合に行う。
　五　手術及び処置
　　イ　手術は、必要があると認められる場合に行う。
　　ロ　処置は、必要の程度において行う。
　六　リハビリテーション
　　リハビリテーションは、必要があると認められる場合に行う。
　六の二　居宅における療養上の管理等
　　居宅における療養上の管理及び看護は、療養上適切であると認められる場合に行う。
　七　入院
　　イ　入院の指示は、療養上必要があると認められる場合に行う。
　　ロ　単なる疲労回復、正常分べん又は通院の不便等のための入院の指示は行わない。
　　ハ　保険医は、患者の負担により、患者に保険医療機関の従業者以外の者による看護を受けさせてはならない。

（歯科診療の具体的方針）
第21条　歯科医師である保険医の診療の具体的方針は、第12条から第19条の3までの規定によるほか、次に掲げるところによるものとする。
　一　診察
　　イ　診察は、特に患者の職業上及び環境上の特性等を顧慮して行う。
　　ロ　診察を行う場合は、患者の服薬状況及び薬剤服用歴を確認しなければならない。ただし、緊急やむを得ない場合については、この限りではない。
　　ハ　健康診断は、療養の給付の対象として行ってはならない。
　　ニ　往診は、診療上必要があると認められる場合に行う。
　　ホ　各種の検査は、診療上必要があると認められる場合に行う。
　　ヘ　ホによるほか、各種の検査は、研究の目的をもって行ってはならない。ただし、治験に係る検査については、この限りでない。
　二　投薬
　　イ　投薬は、必要があると認められる場合に行う。
　　ロ　治療上1剤で足りる場合には1剤を投与し、必要があると認められる場合に2剤以上を投与する。
　　ハ　同一の投薬は、みだりに反覆せず、症状の経過に応じて投薬の内容を変更する等の考慮をしなければならない。
　　ニ　投薬を行うに当たっては、後発医薬品の使用を考慮するとともに、患者に後発医薬品を選択する機会を提供すること等患者が後発医薬品を選択しやすくするための対応に努めなければならない。
　　ホ　栄養、安静、運動、職場転換その他療養上の注意を行うことにより、治療の効果を挙げることができると認められる場合は、これらに関し指導を行い、みだりに投薬をしてはならない。
　　ヘ　投薬量は、予見することができる必要期間に従ったものでなければならない。この場合において、厚生労働大臣が定める内服薬及び外用薬については当該厚生労働大臣が定める内服薬及び外用薬ごとに1回14日分、30日分又は90日分を限度とする。

三　処方箋の交付
　　イ　処方箋の使用期間は、交付の日を含めて4日以内とする。ただし、長期の旅行等特殊の事情があると認められる場合は、この限りでない。
　　ロ　イの規定にかかわらず、リフィル処方箋の2回目以降の使用期間は、直近の該当リフィル処方箋の使用による前号への必要期間が終了する日の前後7日以内とする。
　　ハ　イ及びロによるほか、処方箋の交付に関しては、前号に定める投薬の例による。ただし、当該処方箋がリフィル処方箋である場合における同号の規定の適用については、同号へ中「投薬量」とあるのは、「リフィル処方箋の1回の使用による投薬量及び該当リフィル処方箋の複数回の使用による合計の投薬量」とし、同号へ後段の規定は、適用しない。
四　注射
　　イ　注射は、次に掲げる場合に行う。
　（1）経口投与によって胃腸障害を起すおそれがあるとき、経口投与をすることができないとき、又は経口投与によっては治療の効果を期待することができないとき。
　（2）特に迅速な治療の効果を期待する必要があるとき。
　（3）その他注射によらなければ治療の効果を期待することが困難であるとき。
　　ロ　注射を行うに当たっては、後発医薬品の使用を考慮するよう努めなければならない。
　　ハ　内服薬との併用は、これによって著しく治療の効果を挙げることが明らかな場合又は内服薬の投与だけでは治療の効果を期待することが困難である場合に限って行う。
　　ニ　混合注射は、合理的であると認められる場合に行う。
　　ホ　輸血又は電解質若しくは血液代用剤の補液は、必要があると認められる場合に行う。
五　手術及び処置
　　イ　手術は、必要があると認められる場合に行う。
　　ロ　処置は、必要の程度において行う。
六　歯冠修復及び欠損補綴
　　歯冠修復及び欠損補綴は、次に掲げる基準によって行う。
　　イ　歯冠修復
　（1）歯冠修復は、必要があると認められる場合に行うとともに、これを行った場合は、歯冠修復物の維持管理に努めるものとする。
　（2）歯冠修復において金属を使用する場合は、代用合金を使用するものとする。ただし、前歯部の金属歯冠修復については金合金又は白金加金を使用することができるものとする。
　　ロ　欠損補綴
　（1）有床義歯
　　　（一）有床義歯は、必要があると認められる場合に行う。
　　　（二）鉤は、金位14カラット合金又は代用合金を使用する。
　　　（三）バーは、代用合金を使用する。

（2）ブリッジ
　　　（一）ブリッジは、必要があると認められる場合に行うとともに、これを行った場合は、その維持管理に努めるものとする。
　　　（二）ブリッジは、代用合金を使用する。
　　（3）口蓋補綴及び顎補綴並びに広範囲顎骨支持型補綴
　　　口蓋補綴及び顎補綴並びに広範囲顎骨支持型補綴は、必要があると認められる場合に行う。
七　リハビリテーション
　　リハビリテーションは、必要があると認められる場合に行う。
七の二　居宅における療養上の管理等
　　居宅における療養上の管理及び看護は、療養上適切であると認められる場合に行う。
八　入院
　　イ　入院の指示は、療養上必要があると認められる場合に行う。
　　ロ　通院の不便等のための入院の指示は行わない。
　　ハ　保険医は、患者の負担により、患者に保険医療機関の従業者以外の者による看護を受けさせてはならない。
九　歯科矯正
　　歯科矯正は、療養の給付の対象として行ってはならない。ただし、別に厚生労働大臣が定める場合においては、この限りでない。

（診療録の記載）
第22条　保険医は、患者の診療を行った場合には、遅滞なく、様式第一号又はこれに準ずる様式の診療録に、当該診療に関し必要な事項を記載しなければならない。

（処方箋の交付）
第23条　保険医は、処方箋を交付する場合には、様式第二号若しくは第二号の二又はこれらに準ずる様式の処方箋に必要な事項を記載しなければならない。
2　保険医は、リフィル処方箋を交付する場合には、様式第二号又はこれに準じる様式の処方箋にその旨及び該当リフィル処方箋の使用回数の上限を記載しなければならない。
3　保険医は、その交付した処方箋に関し、保険薬剤師から疑義の照会があった場合には、これに適切に対応しなければならない。

（適正な費用の請求の確保）
第23条の2　保険医は、その行った診療に関する情報の提供等について、保険医療機関が行う療養の給付に関する費用の請求が適正なものとなるよう努めなければならない。

4　保険医療機関及び保険医療養担当規則の一部を改正する省令について（概要）

（令和4年3月4日　厚生労働省保険局医療課）

1．制度の概要
○　保険医療機関又は保険医は、健康保険法（大正11年法律第70号。以下「健保法」という。）第70条第1項及び第72条第1項の規定により、保険医療機関及び保険医療養担当規則（昭和32年厚生省令第15号。以下「療担規則」という。）の定める

ところにより、療養の給付を担当しなければならないこととされている。

2．改正の内容
○　令和4年度診療報酬改定に併せ、療担規則を以下のとおり改正する。
　①　医師の処方に基づくリフィル処方箋の仕組みを導入する。(第20条第3号、第21条第3号及び第23条関係)
　②　歯科診療の具体的方針について、欠損補綴においてブリッジで使用するもののうち「金位十四カラット合金」を削除する。(第21条第6号関係)
　③　紹介状なしで受診した患者等からの定額負担の徴収を義務付けている医療機関の対象範囲について、現行の特定機能病院及び一般病床200床以上の地域医療支援病院から、「紹介受診重点医療機関（※1）」のうち一般病床200床以上の病院にも拡大する（※2）。(第5条第3項関係)
　（※1）良質かつ適切な医療を効率的に提供する体制の確保を推進するための医療

法等の一部を改正する法律（令和3年法律第49号）による改正後の医療法（昭和23年法律第205号）において新設。
(※2) 公立医療機関に係る自治体による条例制定に要する期間等を考慮し、新たに「紹介受診重点医療機関」となってから6か月の経過措置を設ける。

3．根拠条文
健保法第70条第1項（同法第85条第9項、第85条の2第5項、第86条第4項、第110条第7項及び第149条において準用する場合を含む。）及び第3項並びに第72条第1項（同法第85条第9項、第85条の2第5項、第86条第4項、第110条第7項及び第149条において準用する場合を含む。）

4．施行日等
公布日：令和4年3月4日（金）
施行日：①及び② 令和4年4月1日（金）
③ 令和4年10月1日（土）

9 診療報酬の算定方法及び材料価格基準

1 診療報酬の仕組み

診療報酬は保険医療機関が行う保険診療（療養の給付）に対する対価として保険者から支払われる費用である。 診療報酬は健康保険法第76条第2項において「療養の給付に要する費用の額」と規定されており、その決定権は厚生労働大臣が有している。診療報酬の決定に際して、大臣は中央社会保険医療協議会法に基づき、中央社会保険医療協議会（中医協）に諮問することとなっている。診療報酬が決定されることによって保険適用の対象となる医療サービスの範囲が定められるとともに、個々の医療行為について、いわゆる公定価格が定められることとなる。診療報酬は、物価、賃金の動向、保険医療機関の経営状況、医療保険財政の状況等を総合的に勘案したうえで、概ね2年ごとに改定されているが、**中医協での審議**を踏まえて決定された診療報酬は、「診療報酬の算定方法」として厚生労働大臣名で告示されている。当該告示の別表第一は医科診療報酬点数表、別表第二は歯科診療報酬点数表、別表第三は調剤報酬点数表となっている。また、同告示で「保険医療機関に係る療養に要する費用の額は、**1点の単価を10円**とし、別表第一又は別表第二に定める点数を乗じて算定するものとする。」と定められており、これを「点数単価方式」と称している（表1）。

表1 診療報酬制度について

(1) 診療報酬の仕組み
- 診療報酬とは、保険医療機関及び保険薬局が保険医療サービスに対する対価として保険者から受け取る報酬
- 厚生労働大臣が中央社会保険医療協議会（中医協）の議論を踏まえ決定（厚生労働大臣告示）

(2) 診療報酬の内容

診療報酬 ┤ 技術・サービスの評価
　　　　 └ 物の価格評価（医薬品については薬価基準で価格を定める）

- 診療報酬点数表では、個々の技術、サービスを点数化（1点10円）して評価（告示に記載）
  ※点数表の種類：医科、歯科、調剤

出典：厚生労働省ホームページ（我が国の医療保険について）

表2 歯科診療報酬点数表の構成

第1章　基本診療料
　第1部　初・再診料（A）　　　第2部　入院料等（A）

第2章　特掲診療料
　第1部　医学管理等（B）　　　第2部　在宅医療（C）
　第3部　検　査（D）　　　　　第4部　画像診断（E）
　第5部　投　薬（F）　　　　　第6部　注　射（G）
　第7部　リハビリテーション（H）　第8部　処　置（I）
　第9部　手　術（J）　　　　　第10部　麻　酔（K）
　第11部　放射線治療（L）　　　第12部　歯冠修復及び欠損補綴（M）
　第13部　歯科矯正（N）　　　　第14部　病理診断（O）

2　歯科点数表の基本的な構成と算定の方法

　厚生労働大臣名の告示「診療報酬の算定方法」別表第二である歯科診療報酬点数表は一般に「歯科点数表」と称されている。歯科点数表は「第1章　基本診療料」と「第2章　特掲診療料」から構成されているが、基本診療料とは、初診もしくは再診の際及び入院の際に行われる基本的な診療行為を一括して評価するものと位置づけられている。一方、特掲診療料は、抜歯や根管治療等の個々の具体的な歯科医療行為を点数で評価したものであり、保険診療を行った際の診療報酬については、原則として、基本診療料と特掲診療料を合算して算定することとなっている（表2）。**基本診療料及び特掲診療料の全項目はアルファベットと数字の組合わせで区分されており、たとえば初診料は「A000」、歯周外科手術は「J063」となっている。**実際の診療報酬請求では保険診療で使用した医薬品や歯科材料の費用も併せて算定することとなるが、歯科点数表には算定方法が記載されているのみであり、個別の医薬品や歯科材料の価格は、別途、薬価基準及び材料価格基準として厚生労働大臣名で告示されている。なお、歯科点数表は診療報酬算定に係る点数と基本的な算定要件を示しているが、保険診療の対象となる患者の歯科疾患の病態は一様ではなく、患者によって治療方法の選択や手技が異なる場合が生じることから、告示（歯科点数表）を補足し、算定要件を明確化するために厚生労働省保険局医療課長及び歯科医療管理官名で算定上の留意事項に関する通知が発出されている。「M001-3　う蝕歯インレー修復形成」の例では、通知によって当該点数の算定要件が明確化されている（表3）。診療報酬算定の実務では、告示（歯科点数表）と通知（算定上の留意事項）を同時に参照することが必要となることから、歯科診療報酬に関する解説書等には両者が併記されていることが多い。また、点数表で定められている全ての項目や点数そのものは診療報酬改定のたびに検討の対象となるが、現在の仕組みでは、概ね2年ごとに点数が変更されたり、項目自体が改廃される可能性があるので、診療報酬改定後には十分な留意が必要である。

表3　診療報酬の算定における告示と通知の関係（例）

告示（歯科点数表）
M001-3　う蝕歯インレー修復形成（1歯につき）　120点
　注　麻酔、歯髄保護処置、特定薬剤、窩洞形成等の費用は、所定点数に含まれる。

通知（留意事項→告示を補足し算定要件を明確化）
M001-3　う蝕歯インレー修復形成
（1）う蝕歯インレー修復形成は、う蝕歯に対して1日で当該歯の硬組織処置及び窩洞形成を完了し、印象採得及び咬合採得までを行った場合に算定する。
（2）2次う蝕のため充填物を除去し、インレー修復のための窩洞形成を行った場合は、う蝕歯インレー修復形成により算定する。この場合において、充填物の除去は算定できない。
（3）当該歯の歯冠修復物の除去に係る費用は算定できない。
（4）非う蝕の実質欠損に対して、1日で当該歯の硬組織処置及び窩洞形成を完了し、印象採得及び咬合採得までを行った場合は本区分により算定する。

表4　基本診療料（初診料の例）

A000　初診料
　1　歯科初診料　　　　　　　　　　　　　　　　264点[注]
　2　地域歯科診療支援病院歯科初診料　　　　　　288点
注：院内感染対策に係る施設基準に適合する旨の届出がある場合。届出がない場合は240点を算定。

3　基本診療料

　歯科点数表の基本診療料は、第1部（初・再診料）及び第2部（入院料等）で構成されている（表2）。第1部（初・再診料）の「A000　初診料」については、主に歯科診療所が算定する「歯科初診料　264点」と他の保険医療機関からの紹介率など一定の要件（診療報酬の算定方法に基づく施設基準）を満たす保険医療機関（病院に限る）で算定する「地域歯科診療支援病院歯科初診料　288点」が定められている。なお、院内感染対策に係る届出がない場合の歯科初診料は240点となる（表4）。診療報酬の算定に関わる施設基準については後述するが、施設基準が課されている場合は通常よりも付加した費用を算定できる場合が多い。「A002　再診料」についても同様の仕組みであり、「歯科再診料　56点（院内感染対策に係る届出がない場合は44点）、地域歯科診療支援病院歯科再診料　73点」となっている。

　第2部（入院料等）の入院に関わる診療報酬の算定については、歯科独自の点数を設定する必要性が乏しいことから、歯科点数表に定めている入院基本料及び入院基本料等加算については、原則として医科点数表の例により算定する扱いとされている。

4　特掲診療料

　歯科点数表の特掲診療料は、第1部（医学管理等）、第2部（在宅医療）、第3部（検査）、第4部（画像診断）、第5部（投薬）、第6部（注射）、第7部（リハビリテーション）、第8部（処置）、第9部（手術）、第10部（麻酔）、第11部（放射線治療）、第12部（歯冠修復及び欠損補綴）、第13部（歯科矯正）、第14部（病理診

断）から構成されている（表2）。それぞれの部は、医科と共通する点数が含まれる部、医科点数表の例で算定することが認められている部及び歯科特有の点数のみで構成されている部に区分される。

1 医科点数表と共通の点数が含まれる"部"

　特掲診療料の第1部（医学管理等）には「B000-4　歯科疾患管理料」、「B001-2　歯科衛生実地指導料」、「B002　歯科特定疾患療養管理料」、「B004-6-2　歯科治療時医療管理料」、「B013　新製有床義歯管理料」等の歯科特有の点数のほか、「B009　診療情報提供料（Ⅰ）」、「B011-3　薬剤情報提供料」等の医科と共通する点数が定められている。第2部（在宅医療）も同様に「C000　歯科訪問診療料」、「C001　訪問歯科衛生指導料」等の歯科特有の点数と「C003　在宅患者訪問薬剤管理指導料」等の医科と共通する点数が定められている。口腔外科領域の歯科医療行為が含まれる処置及び手術については、医科点数表の例により算定する扱いは原則として認められていないことから、第8部（処置）には「I000-2　咬合調整」、「I003　初期う蝕早期充填処置」、「I005　抜髄」、「I011　歯周基本治療」等の歯科特有の点数のほか、歯科医療の一環として行われる可能性がある「I024　鼻腔栄養」、「I027　人工呼吸」等の医科と共通する点数も定められている。第9部（手術）には「J000　抜歯手術」、「J013　口腔内消炎手術」、「J017　舌腫瘍摘出術」、「J063　歯周外科手術」等の歯科口腔領域の項目が多数定められているが、「J084　創傷処理」、「J090　皮膚移植術」、「J106　気管切開術」等の医科点数表と共通する点数も広範に規定されている。

　次に掲げる各部は原則として医科と共通する点数のみが定められており、第5部（投薬）には「F000　調剤料」、「F100　処方料」等が、第6部（注射）には「G001　静脈内注射」、「G004　点滴注射」等が、第7部（リハビリテーション）には「H001　摂食機能療法」等が、第11部（放射線治療）には「L001　体外照射」等が規定されている。

2 医科点数表の例で算定することが認められている"部"

　特掲診療料の第3部（検査）には「D000　電気的根管長測定検査」、「D002　歯周病検査」、「D012　舌圧検査」等の歯科診療に必要な歯科特有の検査項目が規定されているが、手術や入院患者に必要となる検体検査料等の費用については、医科点数表の例により算定する扱いとされている（表5）。第4部（画像診断）には「E000　写真診断」として歯科口腔領域の診断料が規定されており、同様に「E100　歯、歯周組織、顎骨、口腔軟組織」として撮影料が規定されている。その他の画像診断に係る点数も定められているが、シンチグラムやMRI等の費用については、医科点数表の例により算定する扱いとされている。第10部（麻酔）には「K000　伝達麻酔」、「K001　浸潤麻酔」等の歯科口腔領域で頻用される点数が規定されているが、全身麻酔等に要する費用については、医科点数表の例により算定する扱いとされて

表5　医科点数表が準用できる場合（検査の例）

歯科診療報酬点数表　第3部　検査
通　則
1　検査の費用は、第1節の各区分の所定点数により算定する。ただし、検査に当たって患者に対し薬剤を施用した場合は、特に規定する場合を除き、第1節及び第2節の各区分の所定点数を合算した点数により算定する。
2　第1節に掲げられていない検査であって特殊な検査の検査料は、同節に掲げられている検査のうちで最も近似する検査の各区分の所定点数により算定する。
3～4　略
5　第3部に掲げる検査料以外の検査料の算定は、医科点数表の例による。

いる。第14部（病理診断）は「O000　口腔病理診断料」及び「O001　口腔病理判断料」の2区分のみとなっていることから、必要な場合は医科点数表の例により算定できる扱いとなっている。

❸ 歯科特有の点数のみで構成されている "部"

特掲診療料の第12部（歯冠修復及び欠損補綴）及び第13部（歯科矯正）については医科と共通する点数は特に必要としていないことから、原則として歯科特有の点数のみで構成されている。したがって、第12部（歯冠修復及び欠損補綴）には「M000　補綴時診断料」、「M001　歯冠形成」、「M003　印象採得」、「M010　金属歯冠修復」、「M018　有床義歯」等が、第13部（歯科矯正）には「N000　歯科矯正診断料」、「N003　歯科矯正セファログラム」、「N018　マルチブラケット装置」、「N019　保定装置」等が規定されている。

5　施設基準

保険医療機関が人員配置や設備などの基準を満たすことを要件に付加的な診療報酬の算定が認められる項目があり、診療報酬の算定に関わる重要事項であることから、施設基準として厚生労働大臣名で告示されている。歯科点数表の項目で、たとえば「A000　初診料」における「地域歯科診療支援病院歯科初診料　288点」は通常の「歯科初診料　264点」よりも点数が高いが、告示で定められている施設基準を満たすことが算定要件となる（表4）。地域歯科診療支援病院歯科初診料は歯科医療を担当する病院である保険医療機関を対象としており、①人員配置の基準（看護師及び准看護師が2名以上配置されていること、歯科衛生士が1名以上配置されていること、院内感染防止対策に係る研修を受けた歯科医師が1名以上配置されていること）、②紹介率等の基準（別の保険医療機関からの歯科医療についての紹介率が30％以上であること、又は紹介率が20％以上で一定の難度の手術の実施件数が年間30件以上であること、以下略）③別の保険医療機関との連携体制が確保されていること等の基準が定められている。

また、「地域歯科診療支援病院歯科初診料　288点」を算定できる保険医療機関では、他の保険医療機関から「著しく歯科診療が困難な者」について文書による情報提供を受けたうえで外来において初診を行った場合に「歯科診療特別対応連携加算　150点」が算定できる扱いとなっているが、これについても「初診料又は再診料に

表6 施設基準の例（令和4年度）

基本診療料の施設基準
- 歯科初診料
- 明細書発行体制等加算
- 電子的保健医療情報活用加算
- 地域歯科診療支援病院歯科初診料
- 歯科外来診療環境体制加算
- 歯科診療特別対応連携加算
- 地域歯科診療支援病院入院加算

特掲診療料の施設基準
- 診療情報提供料（Ⅰ）の検査・画像情報提供加算
- 電子的診療情報評価料
- 歯科治療時医療管理料
- かかりつけ歯科医機能強化型歯科診療所
- 在宅療養支援歯科診療所
- 在宅患者歯科治療時医療管理料
- 在宅歯科医療推進加算
- 有床義歯咀嚼機能検査
- 歯科画像診断管理加算
- 摂食機能療法（摂食嚥下機能回復体制加算）
- 手術用顕微鏡加算
- う蝕歯無痛的窩洞形成加算
- CAD/CAM冠及びCAD/CAMインレー
- 有床義歯修理及び有床義歯内面適合法の歯科技工加算1及び2
- 歯周組織再生誘導手術
- 手術時歯根面レーザー応用加算
- 広範囲顎骨支持型装置埋入手術
- 口腔病理診断管理加算
- 歯科矯正診断料

　定める障害者加算を算定した外来患者の月平均患者数が10名以上であること」等の施設基準が定められている。

　さらに「A000　初診料」の「歯科初診料　264点」においては、安全安心な歯科外来診療の環境整備への取組みを評価した「歯科外来環境体制加算1　23点」が定められているが、これについても人員配置（歯科外来診療における医療安全対策に係る研修を受けた常勤の歯科医師が1名以上配置されていること、歯科医師が複数名配置されていること、または歯科衛生士が1名以上配置されていること）等の施設基準が定められている。なお「地域歯科診療支援病院歯科初診料　288点」の場合は「歯科外来環境体制加算2　25点」に該当するが、前述と同様の施設基準が定められている。

　これらの施設基準については、告示を補足する観点から、厚生労働省保険局医療課長及び歯科医療管理官名で通知が発出されており、保険医療機関が満たすべき具体的な要件が詳細に定められている。保険医療機関は告示に基づき、地方厚生局長に対して施設基準に関して届出を行う必要があり、届出後に当初と異なる事情が生じた場合は、速やかに届出内容の変更を行わなければならない。また、施設基準の届出に関わる一連の手続きについては前述の通知に基づいて行われるが、施設基準の届出を行った保険医療機関は、毎年7月1日現在で届出書の記載事項について報告することとされている。

　特掲診療料についても多様な施設基準が定められており、歯科特有の領域である第12部（歯冠修復及び欠損補綴）には「有床義歯修理及び有床義歯内面適合法の歯科技工加算1及び2」や「う蝕歯無痛的窩洞形成加算」等の施設基準が定められている（表6）。前段の歯科技工加算の場合、例えば「M029　有床義歯修理　260点」の算定に際して、歯科点数表に定める要件を満たせば、1床につき50点又は30点が加算される扱いとなるが、この算定要件には保険医療機関が施設基準に適合していることが含まれている。厚生労働大臣名の告示には、①歯科技工士を配置していること、②歯科技工室及び歯科技工に必要な機器を整備していること、③患

者の求めに応じて迅速に有床義歯を修理する体制が整備されている旨を院内掲示していることが施設基準として示されており、通知では特に歯科技工士の配置について具体的な要件を定めている。また、う蝕歯無痛的窩洞形成加算は「M001-2　う蝕歯即時充填形成　128点」の算定に際して、レーザー照射により無痛的に行う等の当該区分に定める要件を満たせば、所定点数に40点が加算される扱いとなっており、告示では施設基準として「当該療養を行うにつき十分な体制を整備していること」のみが包括的に示されている。しかし、通知では「十分な体制」に関する補足が行われており、無痛的に行う治療を行うためのレーザー機器を備えていることの他に「当該レーザー治療に係る専門の知識及び3年以上の経験を有する歯科医師が1名以上いること」を定めている。これらの例のように施設基準については告示のみでなく、通知で具体的な要件を補足している場合が多いことから、個別の施設基準への該当性については、告示に併せ通知に記載されている事項を十分確認する必要がある。

　なお、施設基準に準じて診療報酬の算定に当たり地方厚生局長に届出すべき項目も定められており、第12部（歯冠修復及び欠損補綴）に規定する「M000-2　クラウン・ブリッジ維持管理料」を算定する場合は、事前の届出が必要とされている。

6　材料価格基準

　保険診療（療養の給付）に使用する歯科材料については、療担規則第19条により厚生労働大臣の定める歯科材料以外の歯科材料は使用できない扱いとされている。そのため、厚生労働大臣名の告示で特定保険医療材料の品目及びその材料価格を定めている。**特定保険医療材料とは保険診療を行った際に歯科点数表に定められている費用とは別に費用が算定できる医療材料**であり、歯科領域では第4部（画像診断）に関わるフィルム、第8部（処置）及び第9部（手術）に関わる人工骨等の治療材料、第12部（歯冠修復及び欠損補綴）及び第13部（歯科矯正）に関わる歯科材料が主に該当する。

　第12部（歯冠修復及び欠損補綴）を例に概説すると、告示で材料価格が定められているのは54品目74種類となっているが、歯科材料は銘柄別ではなく機能別で区分される扱いとなっていることから、個別の商品の価格が示されている訳ではない。たとえば、歯科診療で多用される歯科鋳造用金銀パラジウム合金の場合は規格が定められており「金12％以上、JIS適合品」に該当する製品に限られている。ちなみに、令和4年4月の診療報酬改定時の歯科鋳造用金銀パラジウム合金の材料価格は1g当たり3,149円と定められた（表7）。同様に有床義歯に使用される人工歯や義歯床用アクリル樹脂、歯科充填用材料等についても単位当たりの材料価格が定められている。特定保険医療材料の材料価格の改定は診療報酬改定と同時期に行われるため、通常の場合、2年ごとに改定される。しかし、歯科診療に使用される金属材料については、金やパラジウムなどの貴金属が含有されていることから、国際的な経済情勢を反映して市場価格が大きく変動することがある。そのため、貴金属を含有する歯科材料については、令和4年4月の**診療報酬改定時から3カ月間隔で**

表7 特定保険医療材料及びその材料価格例（令和4年4月および7月改定）
注：（ ）内は令和4年7月改定の価格

品名		単位	材料価格
002	歯科鋳造用14カラット金合金　インレー用（JIS適合品）	1g	5,607円（6,569円）
003	歯科鋳造用14カラット金合金　鉤用（JIS適合品）	1g	5,590円（6,552円）
004	歯科用14カラット金合金鉤用線（金58.33％以上）	1g	5,740円（6,702円）
005	歯科用14カラット合金用金ろう（JIS適合品）	1g	5,567円（6,529円）
006	歯科鋳造用金銀パラジウム合金（金12％以上　JIS適合品）	1g	3,149円（3,715円）
010	歯科用金銀パラジウム合金ろう（金15％以上　JIS適合品）	1g	3,706円（4,235円）

（令和4年3月4日　厚生労働省告示第58号）（令和4年5月18日中央社会保険医療協議会資料）

表8 使用歯科材料料の算定例（令和4年4月および7月改定）
注：（ ）内は令和4年7月改定の点数

M010 金属歯冠修復（1個につき） 金銀パラジウム合金（金12％以上）を使用した場合の標準的な取扱い

(1) 大臼歯
　イ　インレー
　　a　単純なもの　　　　379点（447点）
　　b　複雑なもの　　　　700点（826点）
　ロ　5分の4冠　　　　　881点（1,039点）
　ハ　全部金属冠　　　1,108点（1,308点）

(2) 小臼歯・前歯
　イ　インレー
　　a　単純なもの　　　　258点（304点）
　　b　複雑なもの　　　　512点（604点）
　ロ　4分の3冠　　　　　633点（747点）
　ハ　5分の4冠　　　　　633点（747点）
　ニ　全部金属冠　　　　794点（936点）

（令和4年3月4日保医発0304第10号　厚生労働省保険局歯科医療管理官通知）
（令和4年5月31日厚生労働省保険局医療課事務連絡）

見直しが行われることとされており、貴金属を含む素材価格の変動幅に応じて材料価格の改定が行われる仕組みとなっている。令和4年度の場合、この仕組みとは別にウクライナ情勢に伴うパラジウム価格急騰への特例措置として5月に緊急改定が行われ、さらに7月にも定例の随時改定が行われた。その結果，前述の材料価格は3ヵ月間で1g当たり3,149円から3,715円に引き上げられた（表7）。

一方、保険診療で使用する材料であっても印象材や石膏等の歯科診療の一過程で用いられる消耗品としての材料の費用については、歯科点数表に定める「M003　印象採得」等の費用に含まれており、別に算定できない扱いとなっている。

歯冠修復及び欠損補綴では歯科材料を頻用することから、診療報酬請求の実務を円滑に行うために、個々の歯冠修復物及び欠損補綴物ごとに標準的な使用量に基づき算定すべき点数を定めており、厚生労働省保険局歯科医療管理官名で通知されている。前述したように、令和4年4月に金属材料の価格見直しが行われ、たとえば、歯科鋳造用金銀パラジウム合金（金12％以上）を用いた大臼歯の全部金属冠の標準的な歯科材料の費用は1,108点と定められたが、同年5月の緊急改定および7月の随時改定を経て、1,308点に引き上げられた（表8）。

> **ひとくちMEMO**
> **Q** 保険診療における「保険医療材料」と「特定保険医療材料」の取扱いについて
> **A**
> ・いずれも厚生労働大臣が保険診療での使用を認めた医療材料であるが、診療報酬上の費用算定の取扱いが異なる。
> ・保険医療材料を使用した場合の費用は診療報酬点数表の技術料（保険点数）に含まれており、別に費用を算定することはできない。歯科診療の場合は印象材や石こうなどが該当する。
> ・特定保険医療材料については、厚生労働大臣が材料価格基準を示している。特定保険医療材料を定められた用途に使用した場合の費用は技術料とは別に算定できる。歯科診療の場合は金属材料、コンポジットレジン、エックス線フィルムなどが該当する。

10 診療報酬明細書と診療録

1 診療報酬明細書（レセプト）

　診療報酬の請求については、療養の給付及び公費負担医療に関する費用の請求に関する省令（請求省令）に基づき行われるものであり、保険医療機関が保険診療（療養の給付）に関し費用を請求しようとするときは、原則として電子レセプト請求（オンラインによる請求又は光ディスク等を用いた請求）により行うこととされている。例外的に書面による請求が認められる際の診療報酬請求書及び診療報酬明細書の様式は、請求省令第7条第3項に基づき定められている。歯科患者の入院に係る診療報酬明細書は医科と同様の様式が用いられるが、入院外の診療報酬明細書については、歯科特有の診療行為を勘案した詳細に区分された様式が用いられる。歯科診療に関わる診療報酬明細書の記載要領では、原則として点数表の個別項目に対応した点数及び回数の記載のあり方が示されているが、様式の記載欄が細分化されているため、個々の算定項目の本来の名称を用いることは困難であることから、様式及びその記載要領には略称が多用されている。なお、診療報酬請求書等の記載要領については、厚生労働省保険局医療課長及び歯科医療管理官名で通知されている。

2 診療報酬明細書と診療録との整合性の確保

　療担規則第2条の3に「保険医療機関は療養の給付に関する費用の請求に係る手続を適正に行わなければならない」と規定され、さらに同規則第23条の2にも「保険医は（中略）保険医療機関が行う療養の給付に関する費用の請求が適正なものとなるよう努めなければならない」と規定されている。診療報酬の請求を適正なものとするためには、診療の実態を適切に診療報酬明細書に反映する必要があるが、そのためには診療内容を実態に即して診療録に記載することが最も重要となる。療担規則第22条には「保険医は、患者の診療を行った場合には、遅滞なく、様式第一号又はこれに準ずる様式の診療録に、当該診療に関し必要な事項を記載しなければならない」とされているが、診療報酬請求の観点からの「必要な事項の記載」には歯科点数表に定める算定要件を満たす記載であることが含まれる。

　歯科の保険診療に関わる診療録及び診療報酬明細書の記載については、従前から略称が多く使用されているが、診療報酬改定で点数表の項目が新設あるいは改廃されると略称についても見直しが行われる。略称は、診断名、歯科点数表に定める各区分の項目、歯科材料、歯科用医薬品など多岐にわたる。歯科医師である保険医が簡便で使用しやすいという利点はあるものの、一般に難解とされている歯科の専門用語等をさらに略称化していることから、歯科領域の保険診療に精通していない場

合は、診療報酬明細書の各項目や診療録に記載された診療内容について理解することは、きわめて困難であるという課題も有している。

■**歯科の診療録及び診療報酬明細書に使用できる略称について**

(令4.3.18　保医発0318第5号)

「歯科の診療録及び診療報酬明細書に使用できる略称について」(令和2年3月23日保医発0323第5号)は、令和4年3月31日限り廃止する。

また、令和4年3月診療分以前の診療報酬明細書の請求において、審査支払機関からの返戻等による請求遅れ分等については、従前の略称を使用して差し支えない。

記

1　傷病名について

項　目	略　称	項　目	略　称
単純性歯肉炎	単G	象牙質知覚過敏症	Hys
複雑性歯肉炎	複G	咬耗症	Att
増殖性歯肉炎	増G	磨耗症	Abr
潰瘍性歯肉炎	潰G	酸蝕症	Ero
壊疽性歯肉炎	壊G	歯肉膿瘍	GA
肥大性歯肉炎	肥G	歯槽膿瘍	AA
慢性歯周炎（軽度）	P₁	歯根嚢胞	WZ
慢性歯周炎（中等度）	P₂	歯石沈着症	ZS
慢性歯周炎（重度）	P₃	歯ぎしり	Brx
智歯周囲炎	Perico	乳歯晩期残存	RDT
急性歯周炎・慢性辺縁性歯周炎の急性発作	P急発	歯の脱臼	Lux
		口角びらん	Ang
急性単純性歯髄炎	単Pul	口腔の色素沈着症	Pig
急性化膿性歯髄炎	急化Pul	骨瘤	Tor
慢性潰瘍性歯髄炎	潰Pul	埋伏歯	RT
慢性増殖性歯髄炎	増Pul	半埋伏歯	HRT
壊疽性歯髄炎	壊Pul	完全埋伏歯	CRT
カリエスのない歯髄炎	Pul	水平智歯	HET
歯髄壊疽	Puエソ	水平埋伏智歯	HIT
歯髄壊死	Puエシ	捻転歯	ROT
急性単純性根尖性歯周炎	急単Per	過剰歯	SNT
急性化膿性根尖性歯周炎	急化Per	エナメル質形成不全	EHp
慢性化膿性根尖性歯周炎	慢化Per	歯（の破）折	FrT
エナメル質初期う蝕	Ce	永久歯萌出不全	IPT
2次う蝕によるう蝕症第1度	C₁″	舌炎	Gls
2次う蝕によるう蝕症第2度	C₂″	欠損歯（欠如歯）	MT
2次う蝕によるう蝕症第3度	C₃″	咬合異常	Mal
残根	C₄	歯質くさび状欠損	WSD
初期の根面う蝕	根C	破損（破折）	ハセツ
口腔褥瘡性潰瘍	Dul	脱離	ダツリ
口内炎	Stom	不適合	フテキ
口腔粘膜炎	OMuco	睡眠時無呼吸症候群	SAS
歯槽骨鋭縁	SchA		

※1　ハセツ、ダツリ又はフテキを接尾語とする場合は、ジャケット冠脱落を「JCダツリ」のように連結して使用して差し支えない。

2　基本診療料について

項　目	略　称	項　目	略　称
歯科初診料	初診又は初診	歯科再診料　注1	再診（注1）又は歯再診（注1）
歯科初診料　注1	初診（注1）又は歯初診（注1）	地域歯科診療支援病院歯科再診料	病再診
地域歯科診療支援病院歯科初診料	病初診	明細書発行体制等加算	明細
乳幼児加算	乳	電子的保健医療情報活用加算（再診）	再電
歯科診療特別対応加算	特	歯科外来診療環境体制加算1	外来環1
初診時歯科診療導入加算	特導	歯科外来診療環境体制加算2	外来環2
歯科診療特別対応連携加算	特連	再診時歯科外来診療環境体制加算1	再外来環1
歯科診療特別対応地域支援加算	特地	再診時歯科外来診療環境体制加算2	再外来環2
電子的保健医療情報活用加算（初診）	初電	地域歯科診療支援病院入院加算	地歯入院
歯科再診料	再診又は歯再診		

3 医学管理等について

項　目	略　称	項　目	略　称
歯科疾患管理料	歯管	歯科衛生実地指導料1	実地指1
文書提供加算	文	歯科衛生実地指導料2	実地指2
かかりつけ歯科医機能強化型歯科診療所	か強診	歯周病患者画像活用指導料	P画像
		歯科特定疾患療養管理料	特疾管
フッ化物洗口指導加算	F洗	歯科治療時医療管理料	医管
エナメル質初期う蝕管理加算	初期う蝕	薬剤情報提供料	薬情
総合医療管理加算	総医	薬剤総合評価調整管理料	薬総評管
長期管理加算	長期	診療情報提供料（Ⅰ）	情Ⅰ
小児口腔機能管理料	小機能	診療情報提供料（Ⅱ）	情Ⅱ
口腔機能管理料	口機能	電子的診療情報評価料	電診情評
周術期等口腔機能管理計画策定料	周計	診療情報連携共有料	情共
周術期等口腔機能管理料（Ⅰ）	周Ⅰ	新製有床義歯管理料	義管
周術期等口腔機能管理料（Ⅱ）	周Ⅱ	広範囲顎骨支持型補綴物管理料	特イ管
周術期等口腔機能管理料（Ⅲ）	周Ⅲ		

4 在宅医療について

項　目	略　称	項　目	略　称
歯科訪問診療1	訪問診療1	訪問歯科衛生指導料（2　単一建物診療患者が2人以上9人以下の場合）	訪衛指2
歯科訪問診療2	訪問診療2		
歯科訪問診療3	訪問診療3	訪問歯科衛生指導料（3　1及び2以外の場合）	訪衛指3
歯科訪問診療料　注13（イ　初診時）	歯訪診（初）		
		歯科疾患在宅療養管理料	歯在管
歯科訪問診療料　注13（ロ　再診時）	歯訪診（再）	文書提供加算	文
		栄養サポートチーム等連携加算1	NST1
歯科訪問診療補助加算（イの(1)同一建物居住者以外の場合）	訪補助イ(1)	栄養サポートチーム等連携加算2	NST2
		在宅総合医療管理加算	在歯総医
歯科訪問診療補助加算（イの(2)同一建物居住者の場合）	訪補助イ(2)	在宅療養支援歯科診療所1	歯援診1
		在宅療養支援歯科診療所2	歯援診2
歯科訪問診療補助加算（ロの(1)同一建物居住者以外の場合）	訪補助ロ(1)	在宅患者歯科治療時医療管理料	在歯管
		在宅患者訪問口腔リハビリテーション指導管理料	訪問口腔リハ
歯科訪問診療補助加算（ロの(2)同一建物居住者の場合）	訪補助ロ(2)		
		小児在宅患者訪問口腔リハビリテーション指導管理料	小訪問口腔リハ
在宅歯科医療推進加算	在推進		
歯科訪問診療移行加算	訪移行	小児栄養サポートチーム等連携加算1	小NST1
通信画像情報活用加算	ICT加算		
訪問歯科衛生指導料（1　単一建物診療患者が1人の場合）	訪衛指1	小児栄養サポートチーム等連携加算2	小NST2

5 検査について

項　目	略　称	項　目	略　称
電気的根管長測定検査	EMR	有床義歯咀嚼機能検査（2のイ　下顎運動測定と咬合圧測定を併せて行う場合）	咀嚼機能2イ
細菌簡易培養検査	S培		
歯周基本検査	P基検	有床義歯咀嚼機能検査（2のロ　咬合圧測定のみを行う場合）	咀嚼機能2ロ
歯周精密検査	P精検		
混合歯列期歯周病検査	P混検	咀嚼能力検定	咀嚼能力
歯周病部分的再評価検査	P部検	咬合圧検査	咬合圧
ポケット測定検査	EPP	小児口唇閉鎖力検査	小口唇
顎運動関連検査	顎運動	舌圧検査	舌圧
歯冠補綴時色調採得検査	色調	精密触覚機能検査	精密触覚
チェックバイト	ChB	睡眠時歯科筋電図検査	歯筋電図
ゴシックアーチ	GoA	接触面の歯間離開度検査	CT
パントグラフ描記法	Ptg	総義歯（局部義歯）の適合性検査	FD(PD)-Fit
有床義歯咀嚼機能検査（1のイ　下顎運動測定と咀嚼能力測定を併せて行う場合）	咀嚼機能1イ	Caries Activity Test	CAT
		歯髄電気検査	EPT
有床義歯咀嚼機能検査（1のロ　咀嚼能力測定のみを行う場合）	咀嚼機能1ロ		

10　診療報酬明細書と診療録

65

6　画像診断について

項　目	略　称	項　目	略　称
エックス線撮影 X-Ray	X線	片顎※枚法	X-Ray（片※）
歯科用X線フィルム（標準型）	X-Ray（D）	歯科用3次元断層撮影	歯CT
咬翼型	X-Ray（BW）	歯科画像診断管理加算1	画診加1
咬合型	X-Ray（O）	歯科画像診断管理加算2	画診加2
小児型	X-Ray（P）	遠隔画像診断	遠画診
全顎※枚法	X-Ray（全※）		

7　リハビリテーションについて

項　目	略　称	項　目	略　称
歯科口腔リハビリテーション料1（1　有床義歯の場合）	歯リハ1（1）	歯科口腔リハビリテーション料1（3　その他の場合）	歯リハ1（3）
歯科口腔リハビリテーション料1（2　舌接触補助床の場合）	歯リハ1（2）	歯科口腔リハビリテーション料2	歯リハ2

8　処置について

項　目	略　称	項　目	略　称
う蝕処置	う蝕	歯石除去	除石
咬合調整	咬調	スケーリング	SC
歯髄保護処置	PCap	スケーリング・ルートプレーニング	SRP
歯髄温存療法	AIPC	歯周病安定期治療	SPT
直接歯髄保護処置	直保護、直覆又は直PCap	歯周病重症化予防治療	P重防
		暫間固定	TFix
間接歯髄保護処置	間保護、間覆又は間PCap	口腔内装置	OAp
		睡眠時無呼吸症候群に対する口腔内装置	SAS-OAp
象牙質レジンコーティング	Rコート		
知覚過敏処置	Hys処	舌接触補助床	PAP
う蝕薬物塗布処置	サホ塗布	口腔内装置調整（イ　睡眠時無呼吸症候群の治療法としての咬合床の場合）	OAp調（イ）
初期う蝕早期充填処置	填塞又はシーラント		
生活歯髄切断	生切	口腔内装置調整（ロ　歯ぎしりに対する口腔内装置の場合）	OAp調（ロ）
失活歯髄切断	失切		
麻酔抜髄	麻抜	口腔内装置調整（ハ　イ及びロ以外の場合）	OAp調（ハ）
感染根管処置	感根処		
根管貼薬処置	根貼又はRCT	口腔内装置修理	OAp修
根管拡大	拡大	根管内異物除去	RBI
根管形成	RCP	有床義歯床下粘膜調整処置又はティッシュコンディショニング	T.コンデ又はT.cond
根管充填	根充又はRCF		
加圧根管充填処置	CRF	周術期等専門的口腔衛生処置1	術ו衛1
手術用顕微鏡加算	手顕微加	周術期等専門的口腔衛生処置2	術ו衛2
Ni-Tiロータリーファイル加算	NRF	在宅等療養患者専門的口腔衛生処置	在口衛
抜髄と同時の根管充填	抜髄即充	口腔粘膜処置	口処
感染根管処置と同時の根管充填	感根即充	機械的歯面清掃処置	歯清
歯周疾患処置（糖尿病を有する患者に使用する場合）	P処P処（糖）	非経口摂取患者口腔粘膜処置	非経口処
		フッ化物歯面塗布処置	F局

9 手術について

項　目	略　称	項　目	略　称
抜歯手術	抜歯又はT. EXT	歯肉弁根尖側移動術	APF
歯根端切除手術	根切	歯肉弁冠側移動術	CPF
歯根端切除手術（歯科用3次元エックス線断層撮影装置及び手術用顕微鏡を用いた場合）	根切顕微	歯肉弁側方移動術	LPF
		遊離歯肉移植術	FGG
		手術時歯根面レーザー応用加算	手術歯根
歯槽骨整形手術	AEct	歯肉移植術	Gpl
歯周ポケット掻爬術	掻爬術又はソウハ術	広範囲顎骨支持型装置埋入手術	特イ術
		広範囲顎骨支持型装置掻爬術	特イ掻
歯肉切除手術	GEct	レーザー機器加算1	レ機加1
歯肉剥離掻爬手術	FOp	レーザー機器加算2	レ機加2
歯周組織再生誘導手術	GTR	レーザー機器加算3	レ機加3

10 麻酔について

項　目	略　称	項　目	略　称
表面（在）麻酔	OA	静脈内鎮静法	静鎮
吸入鎮静法	IS	歯科麻酔管理料	歯麻管

11 歯冠修復及び欠損補綴について

項　目	略　称	項　目	略　称
補綴時診断料	補診	五分の四冠	4/5Cro
クラウン・ブリッジ維持管理料	補管又は維持管	全部金属冠	FMC
広範囲顎骨支持型補綴診断料	特イ診	チタン冠	TiC
歯冠形成	PZ	根面板	RC
（例）生活歯歯冠形成	生PZ	レジン前装金属冠	前装MC又はゼンソウMC
失活歯歯冠形成	失PZ		
窩洞形成	KP	レジン前装チタン冠	前装TiC又はゼンソウTiC
根面形成	PW		
う蝕歯即時充填形成	充形	レジンインレー	RIn
う蝕歯無痛的窩洞形成加算	う蝕無痛	硬質レジンジャケット冠	HJC
う蝕歯インレー修復形成	修形	CAD/CAM冠	歯CAD
支台築造間接法（ロ　ファイバーポストを用いた場合）	ファイバー（間）	CAD/CAMインレー	CAD In
		小児保険装置	保険
支台築造直接法（イ　ファイバーポストを用いた場合）	ファイバー（直）	ブリッジ	Br
		ポンティック	Pon
印象採得	imp	高強度硬質レジンブリッジ	HRBr
単純印象	単imp又はS-imp	総義歯	FD
		局部義歯	PD
連合印象	連imp又はC-imp	鉤	Cl
		コンビネーション鉤	コンビCl
咬合圧印象	咬imp又はB-imp	間接支台装置	間支
		広範囲顎骨支持型補綴	特イ補
機能印象	機imp又はF-imp	有床義歯修理	床修理
		歯科技工加算1	歯技工1※3
テンポラリークラウン	TeC	歯科技工加算2	歯技工2※3
装着	set	有床義歯内面適合法（硬質材料を用いる場合）	床裏装（硬）又は床適合（硬）
咬合採得	BT		
仮床試適	TF	有床義歯内面適合法（軟質材料を用いる場合）	床裏装（軟）又は床適合（軟）
グラスアイオノマーセメント充填	グセ充		
光重合型複合レジン	光CR充	歯冠補綴物修理	Pro修理
金属歯冠修復	MC	広範囲顎骨支持型補綴物修理	特イ修
四分の三冠	3/4Cro	未装着	㋾

※2　金属歯冠修復及び充填に当たって、修復形態の表示は「OM・OB・MOD等」と歯面部位で記載して差し支えない。
※3　有床義歯内面適合法（軟質材料を用いる場合）の歯科技工加算1及び歯科技工加算2についても、同じ略称を使用して差し支えない。

12 その他について

項　目	略　称	項　目	略　称
カルボキシレートセメント	カセ	歯科用モルホニン	MH
複合レジン	CR	テトラサイクリンプレステロン軟膏	TCPSパスタ
グラスアイオノマーセメント	グセ	カートリッジ	Ct
仮着用セメント	仮セ	歯科用（口腔用）アフタゾロン	AFS
ユージノールセメント	EZ	キャナルス	CaN
エナメルエッチング法	EE	カルビタール	CV
エナメルボンディング法	EB	ネオクリーナー「セキネ」	NC
上顎	UP	ペリオドン	PO
下顎	LW	歯肉包帯	GBd
テラ・コートリル軟膏	TKパスタ	歯肉圧排	圧排
ヒノポロン口腔用軟膏	HPパスタ	歯肉整形術	GP
プレステロン「歯科用軟膏」	PSパスタ	食片圧入	Food.I
歯科用貼布剤	Af	ガッタパーチャポイント	G.ポイント
クレオドンパスタ	Guパスタ	プラークコントロール	プラーク.C又はプラコン

※4　UP又はLWを接尾語とする場合は、上顎総義歯を「UP-FD」のように-でつないで使用しても差し支えない。

　なお、診療報酬明細書の傷病名欄の記載は、別添に示すものにつき使用して差し支えない。

別添

エナメル質初期う蝕	Ce
う蝕症第1度 う蝕症第2度 う蝕症第2度単純性歯髄炎 う蝕症第3度	C
初期の根面う蝕	根C
う蝕症第3度急性化膿性歯髄炎 う蝕症第3度慢性潰瘍性歯髄炎 う蝕症第3度慢性増殖性歯髄炎 う蝕症第3度慢性壊疽性歯髄炎 カリエスのない歯髄炎	Pul
う蝕症第3度急性化膿性根尖性歯周炎 う蝕症第3度慢性化膿性根尖性歯周炎 う蝕症第3度単急性単純性根尖性歯周炎	Per
う蝕症第3度歯髄壊死 う蝕症第3度歯髄壊疽	Puエシ Puエソ
慢性歯周炎（軽度） 慢性歯周炎（中等度） 慢性歯周炎（重度）	P
単純性歯肉炎	G

11 保険医療機関における院内掲示及び届出事項

病院及び診療所には医療法に基づく院内掲示義務が課せられているが、保険診療を行う場合には、さらに保険医療機関及び保険医療養担当規則（療担規則）に基づいた掲示を行う必要がある。また、診療報酬上の施設基準等を満たし、加算を算定する保険医療機関においては院内掲示に加え、原則として地方厚生（支）局への届出を行うことが必要となる。

1 医療法に基づく病院や診療所の院内掲示

医療法第14条の2により、①管理者の氏名、②診療に従事する医師又は歯科医師の氏名、③医師又は歯科医師の診療日及び診療時間の院内掲示が規定されているが、さらに病院については同法施行規則により、④建物内部の案内掲示が義務づけられている。

2 保険医療機関の院内掲示（主に歯科診療所の場合）

厚生労働大臣が示す施設基準（告示）に該当すること等により診療報酬の加算を算定する保険医療機関は、原則として地方厚生（支）局長に届出を行う必要がある。この届出事項については、療担規則及び施設基準の関連通知に基づき、患者等の便宜に供するため、院内掲示を行うことが求められている。したがって、歯科診療所で施設基準等の届出事項に該当する項目を算定する場合には、院内掲示を行うことが必要となる。

歯科診療所に関係する基本診療料の施設基準には、歯科初診料、明細書発行体制等加算、電子的保健医療情報活用加算や歯科外来診療環境体制加算等が該当する。また、特掲診療料については、かかりつけ歯科医機能強化型歯科診療所、在宅療養支援歯科診療所、在宅歯科医療推進加算、有床義歯咀嚼機能検査、う蝕歯無痛的窩洞形成加算、CAD/CAM冠及びCAD/CAMインレー、有床義歯修理及び有床義歯内面適合法の歯科技工加算1及び2、歯周組織再生誘導手術、手術時歯根面レーザー応用加算、歯科矯正診断等が該当する。

これらの施設基準のうち、かかりつけ歯科医機能強化型歯科診療所は平成28年度診療報酬改定で新設された。その施設基準は、地域包括ケアにおける歯科医療供給体制構築の観点から設定されており、常勤歯科医師の医療安全に関する研修受講、歯科医師の複数配置又は歯科衛生士の配置、歯科訪問診療等の実績、医療・介護・福祉関係者との連携等が要件とされている。また、令和4年度診療報酬改定においてはCAD/CAMインレーの保険導入に伴う施設基準の見直し、オンラインで受診患者の資格確認を行う電子的保健医療情報活用加算の施設基準が新たに導入さ

れた。その他の施設基準の詳細な改変等については省略するが、従前から設定されている施設基準の概要については、別表（施設基準等の届出状況）を参照されたい。なお、明細書発行体制等加算には地方厚生（支）局長への届出義務が課されていないこと、クラウン・ブリッジ維持管理料については施設基準以外の届出事項として規定されていることに留意が必要である。

また、保険外併用療法についても療担規則等で院内掲示が義務づけられており、歯科診療所に関係する事項としては、金属床による総義歯の提供、う蝕に罹患している患者の指導管理、前歯部の金属歯冠修復に使用する金合金又は白金加金の支給が該当する。さらに、診療報酬算定上の留意事項通知において、歯科疾患管理料及び歯科訪問診療料を算定する場合は院内掲示を行うことが努力義務とされている。

3 届出の実務

　基本診療料に係る届出は、「基本診療料の施設基準等に係る届出書」と該当する「届出書添付書類」を提出する。特掲診療料に係る届出の場合は、「特掲診療料の施設基準に係る届出書」と該当する事項の「届出書添付書類」を2通、各月の末日までに地方厚生（支）局都道府県事務所に提出する。

　地方厚生（支）局はその月の末日までに要件審査を終了して、届出を受理した場合は、翌月の1日から該当する事項の診療報酬の算定が可能となる。また、月の最初に要件審査が終わり、届出が受理された場合には当該月の1日から算定が可能となる。届出内容が変更になった場合は、変更となった日の属する月の翌月までに届出を行う。

　届出が受理された医療機関には、地方厚生（支）局都道府県事務所による適時調査が原則として年1回、受理後6カ月以内を目途に実施される。

診療報酬明細書の例（令和4年度）

4 施設基準等の届出状況

名称	施設基準の概要		届出医療機関数 令和2年
初診料（歯科）の注1に掲げる基準	・十分な院内感染防止対策を講じている ・歯科外来診療の院内感染防止対策に係る研修を4年に1回以上、定期的に受講している常勤の歯科医師が1名以上配置されている ・職員を対象とした院内感染防止対策にかかる標準予防策等の院内研修等を実施している　等		65,214
地域歯科診療支援病院歯科初診料	・常勤の歯科医師、看護職員及び歯科衛生士の配置 ・当該歯科医療にかかる紹介率　等		565
歯科外来診療環境体制加算	・歯科外来診療における医療安全対策に係る研修を受けた常勤歯科医師の配置	1	29,101
	・歯科衛生士の配置、緊急時の対応を行うにつき必要な体制の整備　等	2	538
歯科診療特別対応連携加算	・著しく歯科治療が困難な患者にとって安心で安全な歯科医療の提供を行うにつき十分な機器等を有している ・医科診療を担当する他の保険医療機関（病院に限る。）との連携体制が整備されている　等		836
歯科疾患管理料の注11の総合医療管理加算・歯科治療時医療管理料	・当該療養を行うにつき、十分な経験を有する常勤の歯科医師、歯科衛生士等により、治療前、治療中及び治療後における当該患者の全身状態を管理できる体制が整備されている ・当該患者の全身状態の管理を行うにつき十分な装置・器具を有している　等		21,985
医療機器安全管理料	・生命維持装置等の医療機器管理等を行う常勤臨床工学技士を1名以上配置 ・放射線治療を専ら担当する常勤医師が1名以上配置　等		211
在宅療養支援歯科診療所	・高齢者の口腔機能管理に係る研修を受けた常勤の歯科医師が1名以上配置	1	1,503
	・当該地域において、在宅療養を担う保険医、介護・福祉関係者等との連携体制が整備　等	2	6,866
かかりつけ歯科医機能強化型歯科診療所	・歯科医師の複数名配置又は歯科医師及び歯科衛生士をそれぞれ1名以上配置 ・在宅療養を担う保険医等との連携体制の整備、緊急時の対応を行うにつき必要な体制の整備　等		10,057
歯科疾患在宅療養管理料の注4に掲げる在宅総合医療管理加算・在宅患者歯科治療時医療管理料	・当該療養を行うにつき、十分な経験を有する常勤の歯科医師、歯科衛生士等により、治療前、治療中及び治療後における当該患者の全身状態を管理できる体制が整備されている ・歯科衛生士又は看護師の配置　等		7,818
歯科訪問診療料に係る地域医療連携体制加算	・地域歯科診療支援病院歯科初診料の届出をした病院等と連携している診療所 ・緊急時の連携体制の確保　等		7,283
歯科訪問診療料の注13に規定する基準	・直近1か月の歯科診療のうち、歯科訪問診療を提供した患者数の割合が9割5分未満		39,338
在宅歯科医療推進加算	・歯科訪問診療の月平均延べ患者数が5人以上であり、そのうち6割以上が歯科訪問診療1を算定　等		2,054
有床義歯咀嚼機能検査1のイ	・当該検査を行うにつき十分な体制が整備されている ・当該検査を行うにつき十分な機器を有している		573
有床義歯咀嚼機能検査1のロ及び咀嚼能力検査	・当該検査を行うにつき十分な体制が整備されている ・当該検査を行うにつき十分な機器を有している		4,489

名称	施設基準の概要		届出医療機関数 令和2年
有床義歯咀嚼機能検査2のイ	・当該検査を行うにつき十分な体制が整備されている ・当該検査を行うにつき十分な機器を有している		180
有床義歯咀嚼機能検査2のロ及び咬合圧検査	・当該検査を行うにつき十分な体制が整備されている ・当該検査を行うにつき十分な機器を有している		663
精密触覚機能検査	・当該検査に係る研修を受けた歯科医師の配置 ・当該検査を行うにつき十分な機器を有している		310
睡眠時歯科筋電図検査	・当該検査を行うにつき十分な体制が整備されている ・当該検査を行うにつき十分な機器を有している		141
歯科画像診断管理加算	・地域歯科診療支援病院歯科初診料の届出を行った歯科医療機関 ・画像診断を専ら担当する常勤歯科医師の配置	1	28
	・画像診断を専ら担当する常勤歯科医師により、すべての歯科用3次元エックス線断層撮影について画像情報等の管理等に応じて1及び2に区分	2	26
口腔粘膜処置	・当該処置を行うにつき十分な体制が整備されている ・当該処置を行うにつき十分な機器を有している		15,309
口腔粘膜血管腫凝固術	・当該手術を行うにつき十分な体制が整備されている ・当該手術を行うにつき十分な機器を有している		356
レーザー機器加算	・当該手術を行うにつき十分な体制が整備されている ・当該手術を行うにつき十分な機器を有している		14,201
手術用顕微鏡加算	・専門の知識及び3年以上の経験を有する歯科医師を1名以上配置 ・当該処置を行うにつき必要な機器の設置		4,938
う蝕歯無痛的窩洞形成加算	・当該療養を行うにつき十分な機器及び施設　等		4,568
CAD/CAM冠	・専門の知識及び3年以上の経験を有する歯科医師が1名以上配置 ・保険医療機関内に歯科技工士を配置　等		54,631
手術時歯根面レーザー応用加算	・当該療養を行うにつき十分な機器及び施設　等		3,384
歯科技工加算1及び2	・常勤の歯科技工士を配置している ・歯科技工室及び歯科技工に必要な機器を整備している等		6,922
歯科麻酔管理料	・常勤の麻酔に従事する歯科医師が配置されている ・麻酔管理を行うにつき十分な体制が整備されている　等		133
歯周組織再生誘導手術	・歯科又は歯科口腔外科を担当する歯科医師として相当の経験を有する歯科医師が1名以上配置		7,837
広範囲顎骨支持型装置埋入手術	・歯科又は歯科口腔外科を担当する歯科医師として相当の経験を有する歯科医師が2名以上配置 ・当該療養を行うにつき十分な体制　等		293
顎関節人工関節全置換術（歯科）	・緊急事態に対応するための体制その他療養を行うにつき必要な体制が整備されている ・当該医療機関内に当該療養を行うにつき必要な歯科医師及び看護師が配置されている　等		12
歯根端切除手術の注3	・専門の知識及び3年以上の経験を有する歯科医師を1名以上配置 ・当該手術を行うにつき必要な機器の設置		4,514
クラウン・ブリッジ維持管理料	・クラウン・ブリッジの維持管理を行うにあたって、必要な体制が整備されている		69,169
歯科矯正診断料	・歯科矯正治療の経験を5年以上有する専任の歯科医師が1名以上勤務している ・十分な専用施設　等		1,703
顎口腔機能診断料	・障害者総合支援法に基づく都道府県知事の指定 ・十分な専用施設　等		1,011

（厚生労働省）

12 保険診療における診療録の取扱い

　診療の経過等を記載した文書が診療録であるが、歯科医師の診療録記載については歯科医師法第23条第1項に「歯科医師は、診療をしたときは、遅滞なく診療に関する事項を記載しなければならない。」と規定されている。歯科医師法に基づく診療録の記載事項については、同法施行規則第22条に「①診療を受けた者の住所、氏名、性別及び年齢、②病名及び主要症状、③治療方法（処方及び処置）、④診療の年月日」と規定されているのみであり、具体的な記載方法については、実際に診療を行った歯科医師の裁量に任されている。

　一方、保険診療については、保険医療機関及び保険医療養担当規則（療担規則）に基づき診療録の様式が定められている。療担規則は保険医を対象としていることから、医科及び歯科に関する診療録の様式を一つの条文で定めており、保険医である医師及び歯科医師は療担規則第22条に基づき定められている診療録の各様式に基づいて必要な事項を記載する。本稿では歯科医師の行う保険診療を中心に診療録の取扱いを概説する。

1　療担規則に定める歯科診療録の概要

　保険診療に用いる歯科診療録については、療担規則第22条に基づく様式第1号(2)の1（表紙）と様式第1号(2)の2（続紙）がある。表紙には受診者に関する事項（氏名、生年月日、住所、職業等）、被保険者に関する事項（被保険者証の記号・番号、有効期限等）、保険者に関する事項（保険者の所在地、名称等）及び傷病に関する事項（主訴、部位、傷病名、診療の開始及び終了、転帰等）等を記載する（別添資料1参照）。また、続紙には、診療を行った月日、部位、療法・処置、診療報酬の点数、受診者の一部負担金等を記載する。これらの記載内容は歯科医師法施行規則第22条に規定する記載事項のみならず、保険診療を行う上で必要とされる情報が付加されている。なお、療担規則第22条に基づく診療録の様式は例示であり、当該様式に準じた様式を使用することは容認されている。

2　保険診療における歯科診療録の記載の在り方

　保険診療を行った場合は、その都度、歯科診療録の続紙に月日、部位、療法・処置、診療報酬点数、受診者の一部負担金を記載する。保険診療に伴う診療報酬の算定については、厚生労働大臣名で告示された歯科診療報酬点数表（歯科点数表）及び当該点数表を補完する厚生労働省保険局医療課長・歯科医療管理官通知（留意事項通知）によって、個々の診療行為についての算定要件が示されている。したがって、療法・処置欄の記載に際しては、これらの算定要件を理解していることが必要

となる。例えば、「H001　摂食機能療法」の「30分以上の場合」は、歯科点数表で「摂食機能障害を有する患者に対して、30分以上行った場合に限り、1月に4回を限度として算定する」と規定されているのに対し、留意事項通知では「(1) 摂食機能療法は、摂食機能障害を有する患者に対して、個々の患者の症状に対応した診療計画書に基づき、医師又は歯科医師若しくは医師又は歯科医師の指示の下に言語聴覚士、看護師、准看護師、歯科衛生士、理学療法士又は作業療法士が1回につき30分以上訓練指導を行った場合に月4回を限度として算定する。(以下、略) (2) 摂食機能療法の実施に当たっては、診療録に当該療法の実施時刻（開始時刻と終了時刻）、療法の内容の要点等を記載する」と規定されており、診療報酬の算定要件及び歯科診療録の記載内容に関して具体的な補足が行われている。

　なお、歯科診療録には歯科医学の専門用語や診療報酬の算定項目を記載することとなるが、歯科診療録の記載における保険医の負担軽減を図るため、厚生労働省から「歯科の診療録及び診療報酬明細書に使用できる略称」が通知されており、一般に歯科診療録記載では略称が頻用されている（p64 参照）。

3　歯科診療録と診療報酬明細書との関係

　療担規則第2条の3に保険医療機関は「療養の給付に関する費用の請求に係る手続を適正に行わなければならない」と規定されていることから、保険診療に伴う診療報酬の請求に当たっては、歯科診療録に記載された診療内容に基づいて、正確に診療報酬明細書の該当する欄に点数及び回数を記入することが必要となる。また、療担規則第23条の2に保険医は「保険医療機関が行う療養の給付に関する費用の請求が適正なものとなるよう努めなければならない」と規定されている。つまり、診療報酬の請求に際しては、その根拠となる保険医の歯科診療録の記載が最も重要であり、診療内容を診療報酬の請求に適切に反映させるためには、歯科診療録と診療報酬明細書を突合し確認することが必要となる。

4　保険外診療の診療録記載の取扱い

　療担規則第8条に「保険医療機関は、第22条の規定による診療録に療養の給付の担当に関し必要な事項を記載し、これを他の診療録と区別して整備しなければならない。」と規定されている。歯科診療の場合、例えば保険診療の根管治療に継続して保険外診療（自費診療）としてメタルボンド冠の治療などを行う症例もあることから、このような場合については保険診療用の歯科診療録とは別に歯科医師法施行規則第22条に基づいた自費診療用の診療録を整備する必要がある。なお、保険診療から自費診療に移行した場合は、保険診療用の歯科診療録に自費診療に移行した旨を明記する必要がある。

5　診療録の保存及び開示等に関する取扱い

　診療録の保存については歯科医師法で5年間の保存が義務づけられているが、療

担規則においても同様の規定がある。また、診療録の開示、個人情報の保護、IT技術を用いた診療録の記載や電子的保存等については、保険診療及び保険外診療を問わず、国のガイドライン等に基づいて行う必要がある。厚生労働省からは「診療情報の提供等に関する指針」、「医療・介護関係事業者における個人情報の適切な取扱いのためのガイドライン」及び「医療情報システムの安全管理に関するガイドライン」等が示されている。

6 保険診療における歯科診療録取扱いの留意事項

保険診療については、療担規則や歯科点数表及び留意事項通知で診療行為の範囲、使用医薬品、使用歯科材料、診療報酬の算定要件等が示されている。そのため、新規登録の保険医を対象とする集団指導（講習会）等に際しては、歯科診療録の取扱いに関して次の例のような留意事項が周知されている。

1 保険診療における歯科診療録の取扱いに関する留意事項（例）

①保険医には歯科診療録の記載義務と5年間の保存義務がある。また、歯科診療録の記載内容は診療報酬請求の根拠となることから正確な記載が必要である（歯科医師法第23条、療担規則第9条）。

②歯科診療録は保険医である歯科医師自らが記載すべきである。なお、複数の保険医が同一患者を診療する場合は、診療の都度、担当した保険医が署名又は押印を行うことが必要である。

③保険診療を行った場合は、その都度、遅滞なく歯科診療録に記載すべきであり、複数回の診療内容をまとめて記載することは認められない。記載すべき内容は診療行為の項目だけではなく、歯科点数表や留意事項通知に定める算定要件を反映した内容であることが必要である（療担規則第22条）。

④歯科医師、歯科衛生士及び歯科技工士には守秘義務が課されているので、歯科診療録の取扱いを含め患者情報の管理に十分注意すべきである。特に診療報酬請求事務（いわゆるレセプト作成）を外部業者に委託する場合は、患者情報の漏えい防止の観点から厳正に対応する必要がある（刑法第134条、歯科衛生士法第13条の6）。

⑤歯科診療録以外の他の保険診療に関わる帳簿及び書類等の記録（歯科技工物の納品書、歯科材料の購入伝票等）については3年間の保存義務がある（療担規則第9条）。

なお、保険診療に関わる診療録記載のあり方については、厚生労働省から通知や事務連絡が示されているので参照してほしい。

保険診療と診療報酬請求の参考情報

○保険診療や保険調剤に関わる施設と資格
①保険医療機関等：保険医療機関と保険薬局を総称したもの。地方厚生（支）局長の指定を受けることにより、当該施設において保険診療や保険調剤を提供できる。
②保険医等：保険医と保険薬剤師を総称したもの。地方厚生（支）局長の登録を受けることにより、保険医療機関等において保険診療や保険調剤を行うことができる。

○診療報酬請求に関わる用語
①レセプト：診療報酬明細書のこと。保険診療の内容は適切に診療録に記載する必要があり、その記載内容に基づき診療報酬を請求するため、診療録とレセプトの突合確認が重要とされている。
②不正請求：保険診療を行っていないにもかかわらず、行ったものとして診療報酬を請求した場合などに適用される。診療実態と診療報酬請求の相違に応じて、架空請求、付増請求、振替請求、二重請求等に区分されている。
③不当請求：保険診療は行っているが、いわゆる診療報酬請求に必要とされている算定要件を満たさない場合などに適用される。診療報酬請求の根拠である診療録記載に留意が必要な場合が多い。

○不正請求に関わる行政上の区分
①架空請求：保険診療の事実がない場合に用いられる。診療報酬請求は月単位であることから、月単位のレセプトと診療録の照合、患者に対する事実確認などを行うことによって、地方厚生（支）局など行政機関が判断することとなる。
②付増請求：実際に行った診療内容に加え、実施していない診療行為についても診療報酬を付加して請求した場合などに適用されるものであり、架空請求と同様の方法で判断される。例えば治療回数を実際よりも多く請求する場合などが該当する。
③振替請求：実際に行った診療行為を別の診療行為を行ったものとして診療報酬請求した場合などに適用されるものであり、架空請求と同様の方法で判断される。例えば、事実とは異なった診療行為を行ったとして、実際の診療報酬よりも高額な費用を請求する場合などが該当する。
④二重請求：保険外診療を行っている患者について、保険診療を行ったものとして診療報酬請求した場合などに適用されるものであり、架空請求と同様の方法で判断される。例えばメタルボンド冠の費用を受領した患者について、別に歯冠修復に関わる診療報酬を請求する場合などが該当する。

ひとくちMEMO

Q 作成・保管が義務付けられている書類にはどんなものがありますか？

A
1. 作成及び保存が必須なもの
歯科医師法や療担規則に定められている診療録が該当します。歯科医師法施行規則において診療録の記載事項は、①患者の住所・氏名・性別・年齢、②病名及び主要症状、③治療方法（処方及び処置）、④診療の年月日と規定されているだけですが、保険診療の場合は歯科診療報酬点数表や厚生労働省の留意事項通知などで診療報酬の算定要件に関する診療録記載が定められていますので、それらを踏まえた記載が必要となります。

2. 作成した場合などに保存が義務づけられるもの（例）

書類等	保存期間	根拠法令等
エックス線写真	2年	医療法第21条第1項第9号、医療法施行規則第20条第10号※
処方箋	2年	医療法第21条第1項第9号、医療法施行規則第20条第10号※
口腔内写真	5年（診療録に添付した場合）	歯科医師法第23条第2項、診療報酬の算定方法の一部改正に伴う実施上の留意事項について（令4・3・4保医発0304第1号）
歯科技工指示書	2年	歯科技工士法第19条
歯科衛生士業務記録	3年	歯科衛生士法施行規則第18条
患者に対する指導文書等	5年（原本は患者に交付し、写しを診療録に添付）	歯科医師法第23条第2項、診療報酬の算定方法の一部改正に伴う実施上の留意事項について（令4・3・4保医発0304第1号）

注：※印については病院の場合に限る．

13 レセプト審査の仕組み

1 医療保険制度における診療報酬の請求と審査・支払とは

　保険医療機関は、受診した被保険者等から、治療を行った場合（健康保険法第63条に基づく「療養の給付」）は、健康保険法第74条に基づいて「一部負担金」（3割）を徴収する。同時に、保険者に対し、健康保険法第76条第1項および2項に基づき「療養の給付に関する費用」（7割）を請求する。

　保険者は、保険医療機関等からの請求に対して審査を行い、支払いを行うこととされている（p15、保険診療の概念図参照）。

　審査とは、保険医療機関の行った診療行為が「保険医療機関および保険医療養担当規則」や「診療報酬の算定方法」に基づき、保険診療ルールに適合しているかを確認する方法をいう。

◎健康保険法（抜粋）

(療養の給付)

第63条　被保険者の疾病又は負傷に関しては、次に掲げる療養の給付を行う。
1　診察
2　薬剤又は治療材料の支給
3　処置、手術その他の治療

(一部負担金)

第74条　第63条第3項の規定により保険医療機関又は保険薬局から療養の給付を受ける者は、その給付を受ける際、次の各号に掲げる場合の区分に応じ、当該給付につき第76条第2項又は第3項の規定により算定した額に当該各号に定める割合を乗じて得た額を、一部負担金として、当該保険医療機関又は保険薬局に支払わなければならない。

(療養の給付に関する費用)

第76条　保険者は、療養の給付に関する費用を保険医療機関又は保険薬局に支払うものとし、保険医療機関又は保険薬局が療養の給付に関し保険者に請求することができる費用の額は、療養の給付に要する費用の額から、当該療養の給付に関し被保険者が当該保険医療機関又は保険薬局に対して支払わなければならない一部負担金に相当する額を控除した額とする。

2　前項の療養の給付に要する費用の額は、厚生労働大臣が定めるところ[★1]により算定するものとする。

4　保険者は、保険医療機関又は保険薬局から療養の給付に関する費用の請求があったときは、第70条第1項及び第72条第1項の厚生労働省例[★2]並びに前二

★1：厚生労働大臣が定めるところ
診療報酬の算定方法。

★2：第70条第1項及び第72条第1項の厚生労働省例
保険医療機関及び保険医療養担当規則。

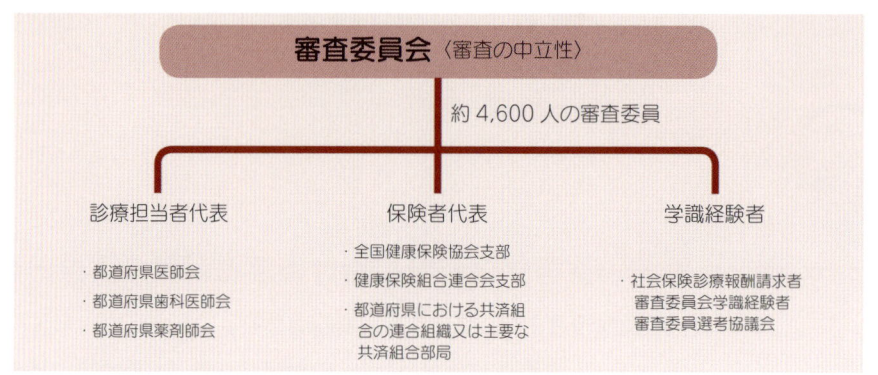

図1 審査委員会の構成（月間基金 2013 年 8 月号より抜粋）

項の定めに照らして審査の上、支払うものとする。

2　審査委員会とは

　支払基金審査委員会は、保険者を代表する者、診療担当者を代表する者および学識経験者の三者で構成されている（図1）。

　審査委員の選任については、具体的には、保険者を代表する者については、健康保険組合連合会（以下「健保連」）支部および都道府県における共済組合の連合組織等に推薦を依頼する。学識経験者については「学識経験者審査委員選考協議会」の選考の議を経て前二者の委員と同様に支部長が委嘱する。

　国民健康保険団体連合会（以下「国保連合会」）の審査委員は、保険医を代表する委員、保険者を代表する委員および公益を代表する委員で構成される。委員の選任にあたってはそれぞれの関係団体に推薦を依頼し、都道府県知事が委嘱する。

3　審査とは何か

　レセコンを使用していないなどの事情がある歯科診療所の場合は、紙レセプトを審査支払機関に提出し、支払機関で電子入力することにより審査を行っている（図2）。

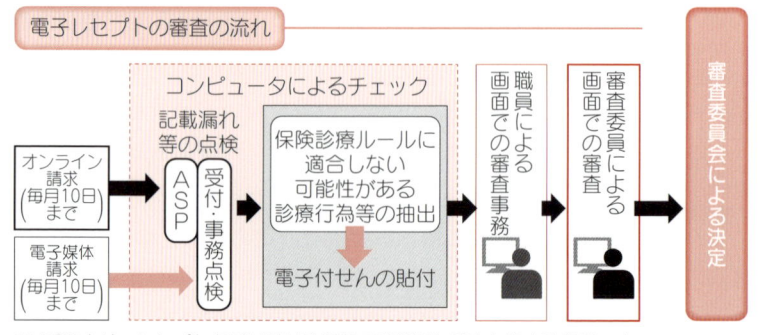

※ASPとは、レセプトを受け付ける段階で記載漏れ等を点検する機能です。
図2　電子レセプト（支払基金ホームページより）

14 レセプトオンライン・電子請求とは

1 オンライン請求について

1 オンライン請求

　レセプト電算処理システムは、保険医療機関又は保険薬局が、電子レセプトをオンライン又は電子媒体により審査支払機関に提出し、審査支払機関において、受付、審査及び請求支払業務を行い、保険者が受け取る仕組みのことである。
　また、保険医療機関・保険薬局、審査支払機関及び保険者を通じて一貫した整合性のあるシステムを構築し、業務量の軽減と事務処理の迅速化を実現することを目的としている。

2 オンライン請求の概要

　オンライン請求システムは、保険医療機関・保険薬局と審査支払機関、審査支払機関と保険者等を、全国規模のネットワーク回線で結び、レセプト電算処理システムにおける診療報酬等の請求データ（レセプトデータ）をオンラインで受け渡す仕組みを整備したシステムである。
　このオンライン請求システムのネットワーク、オンライン専用の認証局及び基本的なソフトウエアの構築については、支払基金と国保中央会が共同で基盤整備を行っている。
　オンライン請求で使用する電気通信回線は、厚生労働省からの通知により、「ISDN回線を利用したダイヤルアップ接続または、閉域IP網を利用したIP-VPN接続、または、オープンなネットワークにおいてはIPsecとIKEを組み合わせた接続」によるものとされている（図1）。
　また、オンライン請求に関するセキュリティについては、厚生労働省からの通知により、電子証明書による相手認証及びデータの暗号化対策、ID・パスワードによる厳格なユーザ管理を行うなどセキュリティ対策を十分講じることとされている。

3 電子レセプトとは

・レセプト（診療報酬明細書）は、医療費の請求明細のことで、保険医療機関・保険薬局が保険者に医療費を請求する際に使用するものである。
　従前は、この医療費の請求を紙のレセプトで行っていたが、保険医療機関・保険薬局、審査支払機関、保険者の医療保険関係者すべての事務の効率化の観点から「レセプト電算処理システム」が構築され、現在では、多くが電子レセプトによる請求となっている。

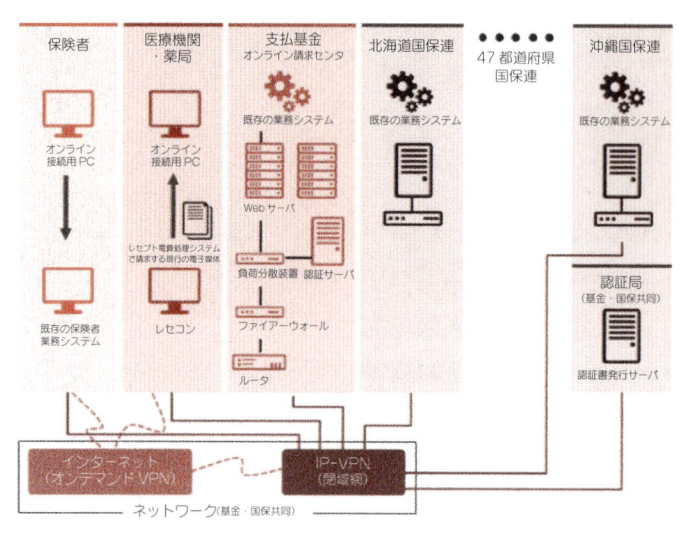

図1 オンライン請求システムの概要 （支払基金ホームページより）

- 電子レセプトとは、紙レセプトのように、定められた様式の所定の場所に、漢字やカナ、アルファベットによって傷病名や診療行為を記録（記載）する方法と異なり、厚生労働省が定めた規格・方式（記録条件仕様）に基づきレセプト電算処理マスターコードを使って、CSV形式のテキストで電子的に記録されたレセプトのことをいう。
- 電子レセプトは、コンピュータで扱うフォーマットであり、保険医療機関・保険薬局、審査支払機関及び保険者に共通仕様となっている。

4 保険医療機関・保険薬局からの電子レセプト請求

　保険医療機関・保険薬局は、請求省令（昭和51年厚生省令第36号）によって、平成23年4月診療分までに順次電子レセプト請求によるものとされてきた。平成27年4月診療分からは、一部の例外（手書き又は常勤の医師・薬剤師全員65歳以上の高齢者である保険医療機関・保険薬局）を除いて、電子レセプトによる請求が義務づけられた。

　また、電子レセプトの請求方法等については、厚生労働省保険局総務課長通知（平成22年7月30日保総発0730第2号）によって、規定されている。

15 レセプト情報・特定健診等情報データベース(NDB)の活用

1 NDB の活用

National Database（NDB）を用いた研究は表1のごとくである。

とりわけ、歯科疾患の場合、特定の事例を時系列で追求することで、どのようなアウトカムがもたらされたかが分析できる。これにより個々の医療機関の治療経過、最終処置等により医療機関の質の評価も可能となる。

表1　本データベースを用いて、こんな研究ができる

▶レセプト情報を用いて、診療に関するさまざまな事項を集計できます。

　□例……診療行為や投与された医薬品、医療給付点数等についての、都道府県別、性別、年齢階級別の実績
　□例……上記の実績に、傷病名や保険者の種別情報などの情報を加えた、多角的な評価

▶特定の事例を時系列で追跡することで、疾患毎にどのような処置がもたらされる状態になったのか等について分析できます。

　□例……COPD 患者における、その後の在宅酸素療法導入の実態評価

▶特定健診情報を用いて受診者の健康状況を研究できるとともに、レセプト情報と紐付けることで、診療に関連するさまざまな事項を健診情報と関連づけて分析できます。

　□例……運動習慣のある受診者のうち、メタボリックシンドロームを有する患者の割合
　□例……地域別、性別、年齢階級別に見た、食習慣や飲酒、喫煙についての情報
　□例……メタボリックシンドロームの基準を満たす特定健診受診者1人あたりの、平均医療費

実際の利用にあたっては、有識者会議における審査が必要になります。申出毎にデータ抽出を行う特別抽出の場合は、公表予定の具体的な内容を網羅的に示していただくなど、厳しい審査基準のもとで審査を行っています。一方、1カ月分のデータを一定の基準で抽出・匿名化したサンプリングデータセットの場合は、探索的研究を行うことを可能としているなど、研究内容に対する審査基準を若干緩めています。皆様方の研究方針にあわせて、利用するデータをお選び下さい。

厚生労働省保険局総務課保険システム高度化推進室（2013年）

2 レセプト情報・特定健診等情報の PHR（Personal Health Record）推進

レセプト情報のデータベースは平成26年度末時点で全レセプトの90％以上の情報を格納している。PHR の活用により医療情報の共有が進められている。

また、特定健診・特定保健指導の情報と紐付けることで、生活習慣と生活習慣病関連等の重症化予防に役立てられる。

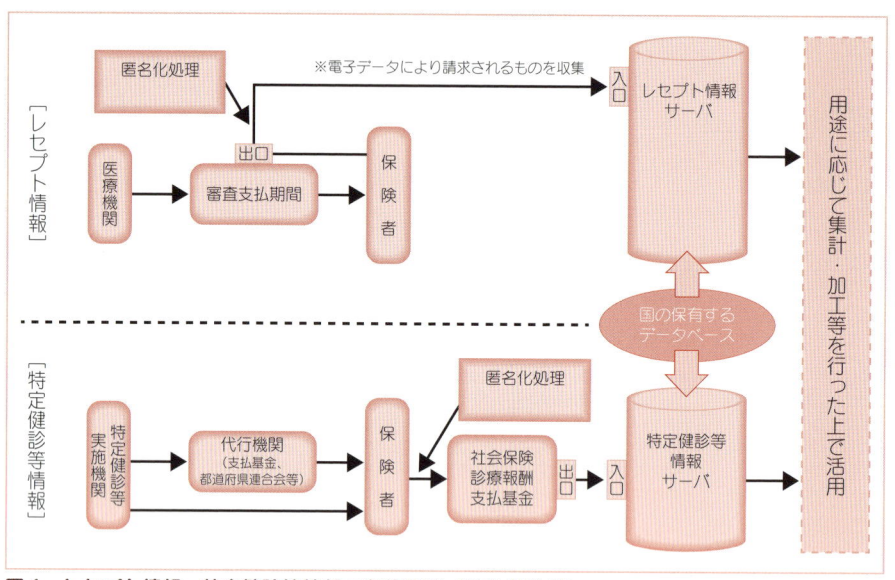

図1　レセプト情報・特定健診等情報の収集経路（厚生労働省）

3　NDBを利用し医療費適正計画の策定

　収集経路により集められたレセプト情報・特定健診等の情報データベースは、「高齢者の医療の確保に関する法律」（平成20年4月）のもと、医療費適正化計画の作成（図2）、実施および評価の調査や分析に用いるデータベースである。
　このデータベース（NDB）の利用は（図3）、これ以外にも、医療サービスの質の向上を目指し、正確なエビデンスに基づいた施策を推進するために、レセプト情報等の提供のためのルールを定めた「レセプト情報・特定健診等情報の提供に関するガイドライン」が整備され、平成24年度より、レセプト情報等の第三者提供が開始されている（図3）。

4　レセプトデータを活用し医療計画に反映

　医療計画には、各地域における医療の現状の記述や課題、それらに対する方針等が記載されている。しかし、その多くは医療資源の量を除けば、医療機関の機能や連携の現状と課題に関する具体的な目標値は示されていない。しかし、退院患者に絞ってみれば、レセプトを分析することにより、各医療圏における傷病別連携状況を推計でき、このことにより医科歯科の連携推進のために具体的に何を行うことが必要かも明らかとなる。また、歯科疾患有病率と生活習慣病との関連もこれらのデータと結びつけて分析することにより全身疾患との関連を評価することも可能となる。
　つまり、NDBの分析により、各地域の傷病構造および医療提供体制に関する基本的なデータが整備されることで、急性期における周術期口腔管理の在り方、回復期における口腔機能維持向上の在り方等、歯科医療提供の具体的歯科医療資源の配置

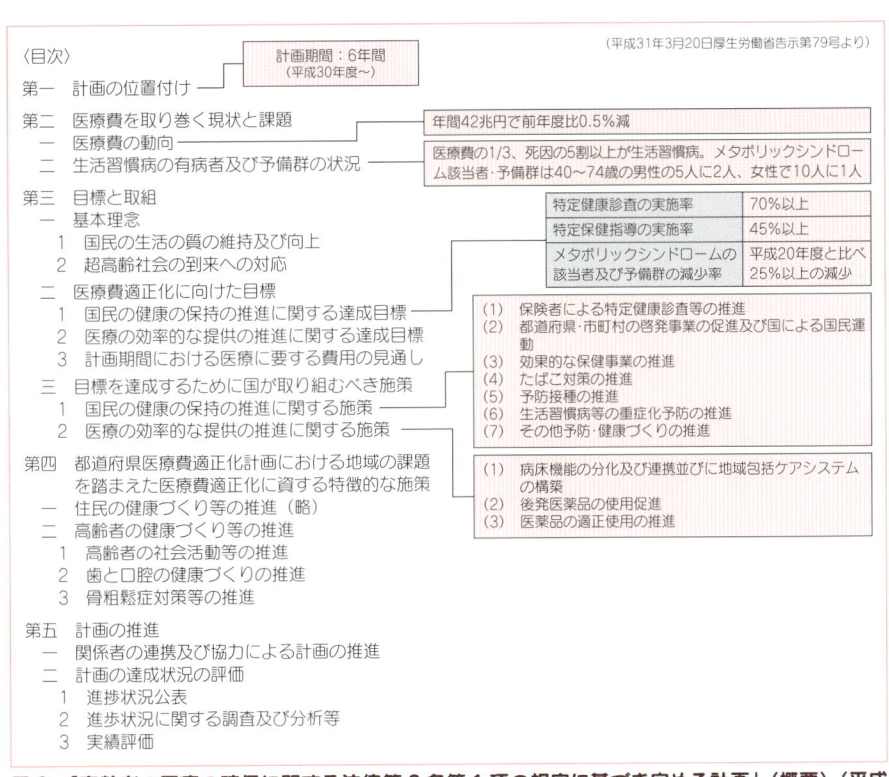

図2　「高齢者の医療の確保に関する法律第8条第1項の規定に基づき定める計画」（概要）（平成31年3月20日厚生労働省告示第79号をもとに作成）

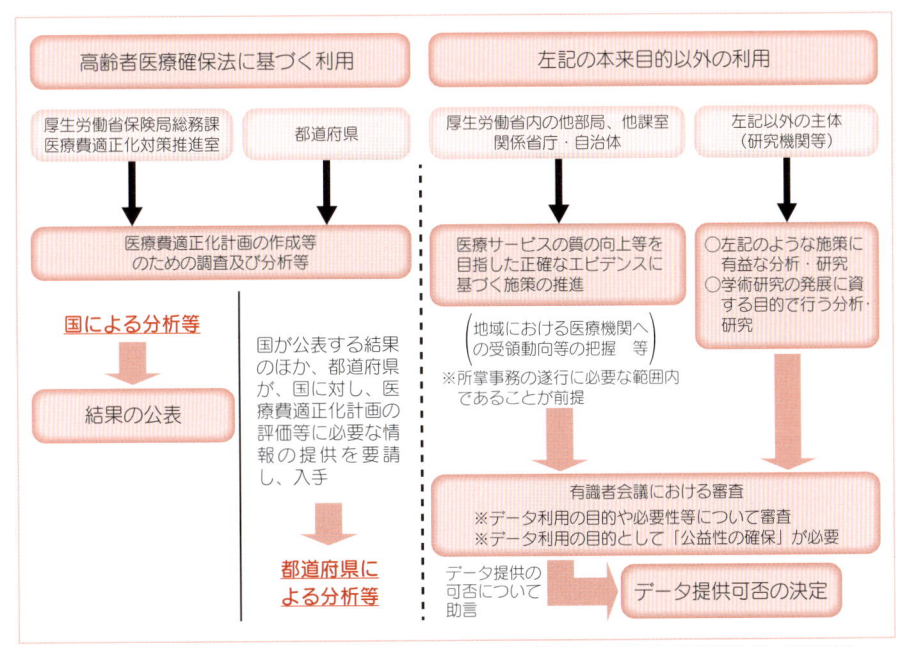

図3　レセプト情報・特定健診等情報データベースの利用概念図（厚生労働省資料を一部改変）

目標を明らかにすることができると考える。

16 介護保険制度の仕組み

介護保険制度は、老人の介護を家族にまかせるだけでなく、社会全体で支えることを目指して2000年4月より施行された。

そのため、利用者の選択により多様なサービス主体から保健医療サービス・福祉サービスを総合的に受けられる仕組みを、医療保険制度と切り離して「社会保険方式」により運営することとした。

1 高齢者保健福祉政策の流れ (表1)

過去モン

平成19年度国民生活基礎調査による「介護が必要となった原因」を表に示す。

原因	%
①	23.3
認知症	14.0
高齢による衰弱	13.6
関節疾患	12.2
骨折・転倒	9.3
心疾患	4.3
その他	23.3

①はどれか。1つ選べ。
(103A-36)
 a 糖尿病
 b 脊髄損傷
 c 悪性新生物
 d 呼吸器疾患
 e 脳血管疾患
(解答:e)

表1 高齢者保健福祉政策の流れ（厚生労働省ホームページより）

年代	高齢化率	主な政策
1960年代 高齢者福祉政策の始まり	5.7% (1960)	1963年 老人福祉法制定 ◇特別養護老人ホーム創設 ◇老人家庭奉仕員（ホームヘルパー）法制化
1970年代 老人医療費の増大	7.1% (1970)	1973年 老人医療費無料化
1980年代 社会的入院や寝たきり老人の社会的問題化	9.1% (1980)	1982年 老人保健法の制定 ◇老人医療費の一定額負担の導入等 1989年 ゴールドプラン（高齢者保健福祉推進十か年戦略）の策定 ◇施設緊急整備と在宅福祉の推進
1990年代 ゴールドプランの推進	12.0% (1990)	1994年 新ゴールドプラン（新・高齢者保健福祉推進十か年戦略）策定 ◇在宅介護の充実
介護保険制度の導入準備	14.5% (1995)	1996年 連立与党3党政策合意 介護保険制度創設に関する「与党合意事項」 1997年 介護保険法成立
2000年代 介護保険制度の実施	17.3% (2000)	**2000年 介護保険施行**

2 介護保険制度の仕組み (図1)

「運営主体（保険者）」は市町村（特別区）である。

「被保険者」は、65歳以上の者（第1号被保険者）と40歳以上65歳未満の医療保険に加入している者（第2号被保険者）の2種から構成される。

「保険料」は第1号被保険者については原則として市町村に納付し、第2号被保険者については、加入している医療保険の保険者に介護保険料を納付し、支払基金が市町村に交付する（図2）。

第2号被保険者については、加齢に伴って生ずる心身の変化に起因する特定疾病（表2）によって要介護状態、要支援状態になった場合に対象となる。

過去モン

介護保険で正しいのはどれか。2つ選べ。
（96A-107 改変）

a 地域保険と職域保険とがある。
b 市町村を保険者とする。
c 社会保険の一つである。
d 被保険者は任意加入である。
e 被保険者は65歳以上である。

（解答：b、c）

過去モン

介護保険で正しいのはどれか。2つ選べ。
（101B-128）

a かかりつけ医が市町村に申請する。
b 被保険者の自立支援を理念とする。
c 利用者がサービスを選択できる。
d 医師が要介護認定を行う。
e 医療保険の一つである。

（解答：b、c）

過去モン

介護保険制度で正しいのはどれか。
（100A-147）

a 保険者は国である。
b 20歳から被保険者となる。
c 申請には民生委員の証明が必要である。
d 主治医がサービス区分を判定する。
e 居宅療養管理指導を規定している。

（解答：e）

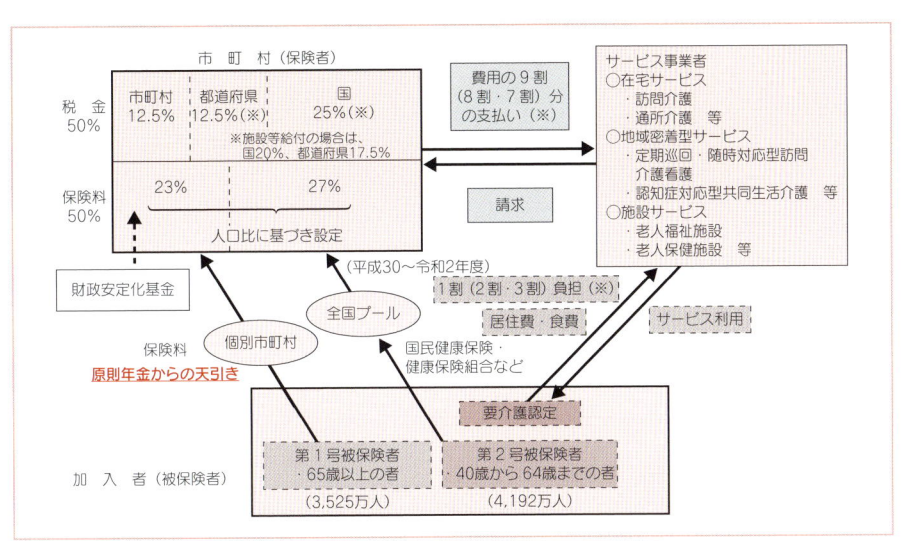

図1 介護保険制度の仕組み（厚生労働省ホームページより）

（注）第1号被保険者の数は、「介護保険事業状況報告年報」によるものであり、平成30年度末現在の数である。
第2号被保険者の数は、社会保険診療報酬支払基金が介護給付費納付金額を確定するための医療保険者からの報告によるものであり、平成30年度内の月平均値である。

（※）一定以上の所得者については、費用の2割負担（平成27年8月施行）または3割負担（平成30年8月施行）

表2 特定疾病（施行令第2条）

がん（医師が一般に認められている医学的知見に基づき回復の見込みがない状態に至ったと判断したものに限る）、関節リウマチ、筋萎縮性側索硬化症、後縦靱帯骨化症、骨折を伴う骨粗鬆症、初老期における認知症、進行性核上性麻痺、大脳皮質基底核変性症及びパーキンソン病、脊髄小脳変性症、脊柱管狭窄症、早老症、多系統萎縮症、糖尿病性神経障害・糖尿病性腎症・糖尿病性網膜症、脳血管疾患、閉塞性動脈硬化症、慢性閉塞性肺疾患、両側の膝関節又は股関節に著しい変形を伴う変形性関節症。

3 介護保険被保険者（図2）

○介護保険制度の被保険者は、①65歳以上の者（第1号被保険者）、②40～64歳の医療保険加入者（第2号被保険者）となっている。
○介護保険サービスは、65歳以上の者は原因を問わず要支援・要介護状態となったときに、40～64歳の者は末期がんや関節リウマチ等の老化による病気が原因で要支援・要介護状態になった場合に、受けることができる。

	第1号被保険者	第2号被保険者
対象者	65歳以上の者	40歳から64歳までの医療保険加入者
人数	3,525万人 (65～74歳：1,730万人　75歳以上：1,796万人) ※1万人未満の端数は切り捨て	4,192万人
受給要件	・要介護状態 （寝たきり、認知症等で介護が必要な状態） ・要支援状態 （日常生活に支援が必要な状態）	要介護、要支援状態が、末期がん・関節リウマチ等の加齢に起因する疾病（特定疾病）による場合に限定
要介護（要支援）認定者数と被保険者に占める割合	645万人（18.3%） (65～74歳：73万人（4.2%) 75歳以上：572万人（31.8%))	13万人（0.3%）
保険料負担	市町村が徴収 （原則、年金から天引き）	医療保険者が医療保険の保険料と一括徴収

図2 介護保険制度の被保険者（加入者）（厚生労働省ホームページより）

（注）第1号被保険者及び要介護（要支援）認定者の数は、「介護保険事業状況報告年報」によるものであり、平成30年度末現在の数である。
第2号被保険者の数は、社会保険診療報酬支払基金が介護給付費納付金額を確定するための医療保険者からの報告によるものであり、平成30年度内の月平均値である。

4 一定以上所得者の利用者負担の見直し（図3）

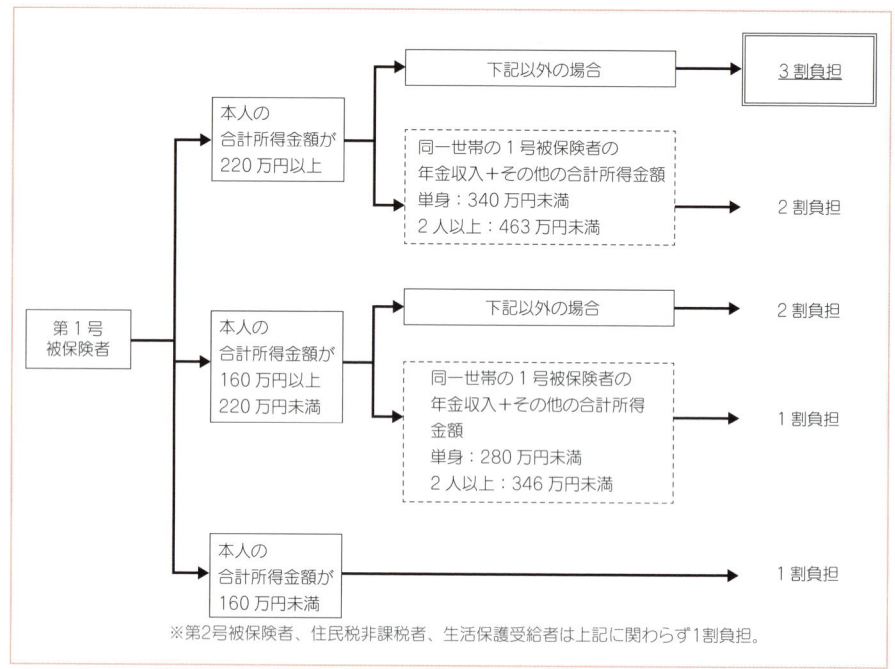

```
                              ┌─ 下記以外の場合 ──────────→ 3割負担
         ┌─ 本人の          ─┤
         │  合計所得金額が     │  同一世帯の1号被保険者の
         │  220万円以上       └─ 年金収入＋その他の合計所得金額
         │                     単身：340万円未満           → 2割負担
         │                     2人以上：463万円未満
第1号    │
被保険者 ┼─ 本人の          ┌─ 下記以外の場合 ──────────→ 2割負担
         │  合計所得金額が   ─┤
         │  160万円以上       │  同一世帯の1号被保険者の
         │  220万円未満       └─ 年金収入＋その他の合計所得
         │                     金額
         │                     単身：280万円未満           → 1割負担
         │                     2人以上：346万円未満
         │
         └─ 本人の
            合計所得金額が  ───────────────────────────→ 1割負担
            160万円未満
```
※第2号被保険者、住民税非課税者、生活保護受給者は上記に関わらず1割負担。

図3　利用者負担について（新宿区資料を一部改変）

5 介護保険で受けられるサービス

　公的介護保険で受けられるサービスには、家庭などに訪問を受ける、または家庭などから施設に通って利用する在宅サービスと、介護保険施設に入所して利用する「施設サービス」がある。

1 在宅サービス

家庭などに訪問を受けて利用するサービス	・訪問介護（ホームヘルパー） ・訪問入浴介護 ・訪問看護 ・訪問リハビリテーション ・居宅療養管理指導
家庭などから施設に通って受けるサービス	・通所介護（デイサービス） ・通所リハビリテーション（デイケア）
施設に入所して受けるサービス	・短期入所生活介護 ・療養介護（ショートステイ） ・特定施設入居者生活介護（有料老人ホームなどでの生活介護）
福祉用具や住宅改修など	・車椅子やベッドなど福祉用具の貸与 ・入浴や排泄に使用する福祉用具購入費の支給 ・手すりの取り付けなど住宅改修費の支給
その他	・認知症対応型共同生活介護（グループホーム・要介護のみ） ・通所を中心にサービスを組合せた小規模多機能型居宅介護　など

過去モン

法と規定する内容との組合せで正しいのはどれか。1つ選べ。
（102B-100）
a 医療法──診療録の保存
b 歯科医師法──開設の届出
c 地域保健法──受動喫煙の防止
d 介護保険法──居宅療養管理指導
e 食品衛生法──国民健康・栄養調査

（解答：d）

2 公的介護施設サービス（要介護1～5の人が対象）

介護老人福祉施設	常に介護が必要な人で在宅での生活が困難な人が入所
介護老人保健施設	状態が安定し、家庭に戻れるようにリハビリテーションを中心とする医療ケアと介護を受ける人が入所
介護療養型医療施設	急性期の治療が済み、長期の医療や医学的管理の介護の必要がある人が入所可 平成24年3月末までに廃止の予定だったが、令和6年に延長。
介護医療院	医療を必要とする要介護高齢者に対し、長期の療養生活のための施設として設置。介護療養型医療施設廃止後の受け皿的な位置づけであった。

6 サービス利用の手続き (図4)

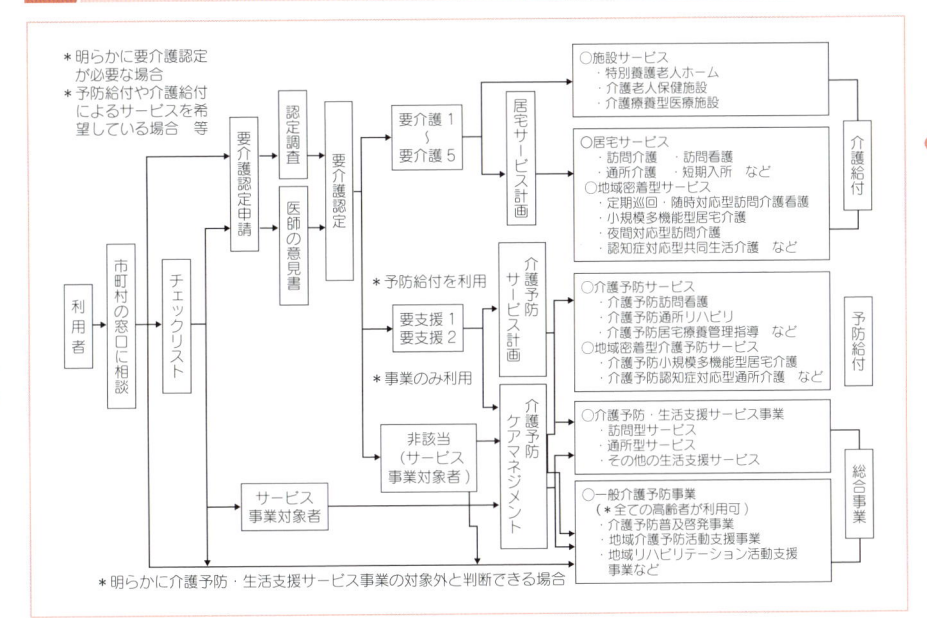

図4 介護サービスの利用手続き（厚生労働省ホームページより）

過去モン

常勤医師を必置とするのはどれか。2つ選べ。
（104A-87）
a 軽費老人ホーム
b 介護老人保健施設
c デイケアセンター
d 介護療養型医療施設
e 特別養護老人ホーム
（解答：b、d）

過去モン

在宅での介護が困難なため介護保険でリハビリテーションを行うこととした。最も適切な施設はどれか。1つ選べ。
（104A-114）
a 特定機能病院
b グループホーム
c 介護老人保健施設
d 介護老人福祉施設
e 域医療支援病院
（解答：c）

　2013年8月の社会保障制度改革国民会議の報告書に基づく介護保険法改正内容には、介護保険から給付するサービスの絞り込みも打ち出している。
　「要支援者」への食事や洗濯などの家事サービスは、給付の対象から外す。平成29年度末までにこれらの人には市町村の「地域支援事業」でサービスを提供する。
　地域支援事業は介護保険料や国・自治体の税金によって支えられているため、財源構成のうえでは介護保険給付と同じである。つまり、要支援者のサービスを市町村に移しても、保険料や税金の負担は同じ構成となる。市町村はボランティアなどを使ってサービスを効率化し、運営経費を抑えることができる。
　これら要介護支援者への「口腔ケアサービス」の提供は、要介護への移行を予防し、QOL、ADLの維持・向上に役立つと考えられる。これらのサービスに、歯科医師や歯科衛生士、歯科技工士が積極的に参加できるサービスシステムを市町村事業に組み込むことが重要である。

7 介護保険制度は3年のサイクルで見直し

2000年に施行された介護保険は、3年のサイクルで見直されてきた（図5）。平成17（2005）年改正「第1弾」法改正、平成23（2011）年改正「第2弾」法改正に続き、社会保障制度改革国民会議の報告と社会保障審議会介護保険部会の議論を経て平成26年の通常国会で第6期の改正が成立した（図6、7。現在は第8期の改正までが行われている）。

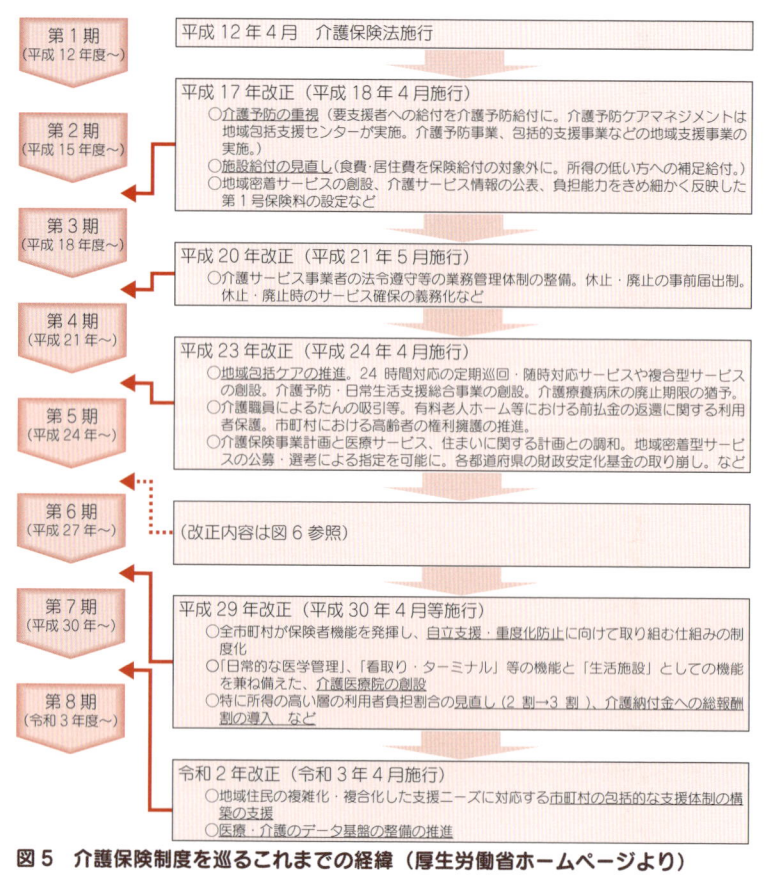

第1期（平成12年度～） 平成12年4月 介護保険法施行

第2期（平成15年度～） 平成17年改正（平成18年4月施行）
- ○介護予防の重視（要支援者への給付を介護予防給付に。介護予防ケアマネジメントは地域包括支援センターが実施。介護予防事業、包括的支援事業などの地域支援事業の実施。）
- ○施設給付の見直し（食費・居住費を保険給付の対象外に。所得の低い方への補足給付。）
- ○地域密着サービスの創設、介護サービス情報の公表、負担能力をきめ細かく反映した第1号保険料の設定など

第3期（平成18年度～） 平成20年改正（平成21年5月施行）
- ○介護サービス事業者の法令遵守等の業務管理体制の整備。休止・廃止の事前届出制。休止・廃止時のサービス確保の義務化など

第4期（平成21年～） 平成23年改正（平成24年4月施行）
- ○地域包括ケアの推進。24時間対応の定期巡回・随時対応サービスや複合型サービスの創設。介護予防・日常生活支援総合事業の創設。介護療養病床の廃止期限の猶予。
- ○介護職員によるたんの吸引等。有料老人ホーム等における前払金の返還に関する利用者保護。市町村における高齢者の権利擁護の推進。
- ○介護保険事業計画と医療サービス、住まいに関する計画との調和。地域密着型サービスの公募・選考による指定を可能。各都道府県の財政安定化基金の取り崩し。など

第5期（平成24年～）

第6期（平成27年～） （改正内容は図6参照）

第7期（平成30年～） 平成29年改正（平成30年4月等施行）
- ○全市町村が保険者機能を発揮し、自立支援・重度化防止に向けて取り組む仕組みの制度化
- ○「日常的な医学管理」、「看取り・ターミナル」等の機能と「生活施設」としての機能を兼ね備えた、介護医療院の創設
- ○特に所得の高い層の利用者負担割合の見直し（2割→3割）、介護納付金への総報酬割の導入　など

第8期（令和3年度～） 令和2年改正（令和3年4月施行）
- ○地域住民の複雑化・複合化した支援ニーズに対応する市町村の包括的な支援体制の構築の支援
- ○医療・介護のデータ基盤の整備の推進

図5　介護保険制度を巡るこれまでの経緯（厚生労働省ホームページより）

①地域包括ケアシステムの構築

高齢者が**住み慣れた地域で生活を継続**できるようにするため、**介護、医療、生活支援、介護予防**を充実。

サービスの充実
- ○地域包括ケアシステムの構築に向けた地域支援事業の充実
  - ①在宅医療・介護連携の推進
  - ②認知症施策の推進
  - ③地域ケア会議の推進
  - ④生活支援サービスの充実・強化

重点化・効率化
- ①全国一律の予防給付（訪問介護・通所介護）を市町村が取り組む地域支援事業に移行し、多様化
- ②特別養護老人ホームの新規入所者を、原則、要介護3以上に限定（既入所者は除く）

②費用負担の公平化

低所得者の保険料軽減を拡充。また、保険料上昇をできる限り抑えるため、**所得や資産のある人の利用者負担**を見直す。

低所得者の保険料軽減を拡充
- ○低所得者の保険料の軽減割合を拡大
  ・給付費の5割の公費に加えて別枠で公費を投入し、低所得者の保険料の軽減割合を拡大

重点化・効率化
- ①一定以上の所得のある利用者の自己負担を引上げ
- ②低所得の施設利用者の食費・居住費を補填する「補足給付」の要件に資産などを追加

○このほか、「2025年を見据えた介護保険事業計画の策定」、「サービス付高齢者向け住宅への住所地特例の適用」、「居宅介護支援事業所の指定権限の市町村への移譲・小規模通所介護の地域密着型サービスへの移行」等を実施

図6　介護保険制度の改正の主な内容について（第6期）

○予防給付のうち訪問介護・通所介護について、市町村が地域の実情に応じた取組ができる介護保険制度の地域支援事業へ移行（29年度末まで）。財源構成は給付と同じ（国、都道府県、市町村、1号保険料、2号保険料）。
○既存の介護事業所による既存のサービスに加えて、NPO、民間企業、ボランティアなど地域の多様な主体を活用して高齢者を支援。高齢者は支え手側に回ることも。

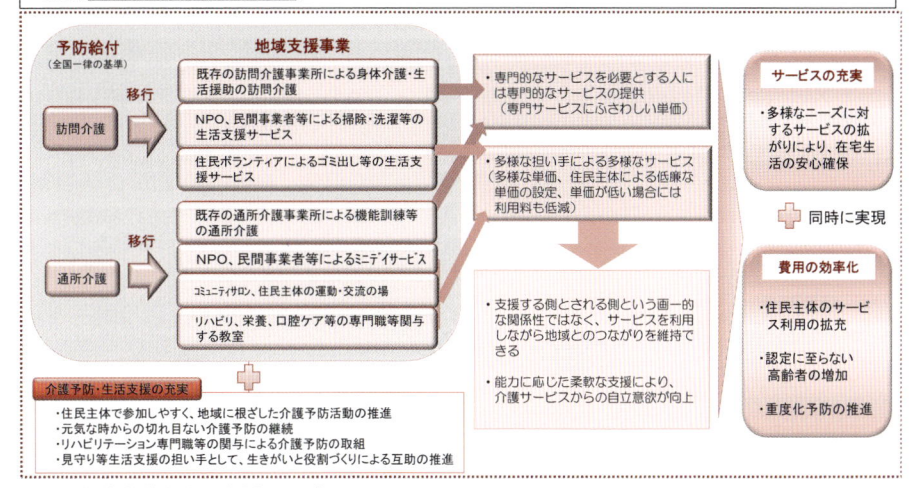

図7　総合事業と生活支援サービスの充実

　この法改正は、「介護保険制度を持続可能なものにするために地域包括ケアシステムを実現する。費用負担の公平化を図る」ことにある。

8　地域包括ケアシステムの構築

　地域包括ケアシステムの構築（図8）とは、医療、介護、予防、住まい、生活支援サービスが連携して要介護者に包括的な支援として行われるシステムの構築をいう。

　今後の介護保険を取り巻く状況（図9）の予測から医療と介護の連携の強化とは、在宅要介護者に対する医療サービスの確保、多職種によるチーム医療、ケアの推進、複合型サービスの提携、退院時・入院時の連携強化があげられる。歯科医師、歯科衛生士による周術期における口腔ケア、在宅訪問診療における口腔機能維持向上が注目される現在、地域における歯科医師、歯科衛生士の役割が期待される。

○ 医療と介護の両方を必要とする状態の高齢者が、住み慣れた地域で自分らしい暮らしを続けることができるよう、地域における医療・介護の関係機関（※）が連携して、包括的かつ継続的な在宅医療・介護を提供することが重要。
 （※）在宅療養を支える関係機関の例
　　・診療所・在宅療養支援診療所・歯科診療所等　　（定期的な訪問診療等の実施）
　　・病院・在宅療養支援病院・診療所（有床診療所）等　（急変時の診療・一時的な入院の受入れの実施）
　　・訪問看護事業所、薬局　（医療機関と連携し、服薬管理や点滴・褥瘡処置等の医療処置、看取りケアの実施等）
　　・介護サービス事業所　（入浴、排せつ、食事等の介護の実施）
○ このため、関係機関が連携し、多職種協働により在宅医療・介護を一体的に提供できる体制を構築するため、都道府県・保健所の支援の下、市区町村が中心となって、地域の医師会等と緊密に連携しながら、地域の関係機関の連携体制の構築を推進する。

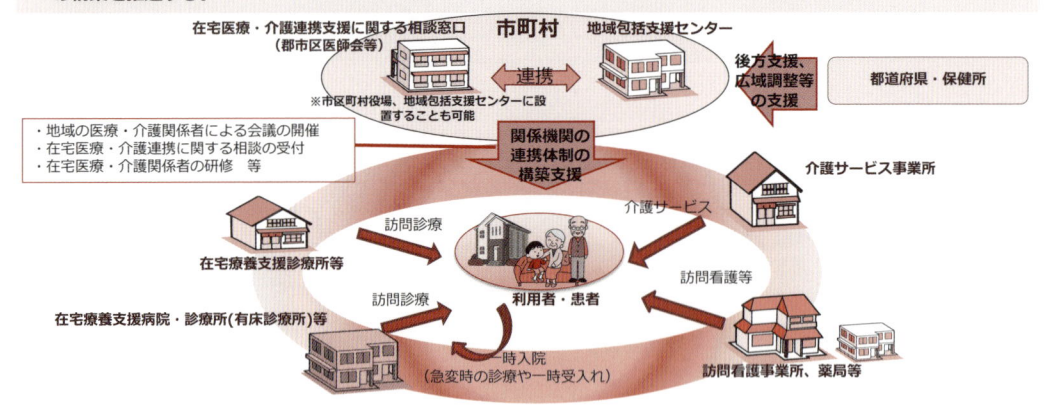

図8　在宅医療・介護連携の推進

① 65歳以上の高齢者数は、2025年には3,677万人となり、2042年にはピークを迎える予測（3,935万人）。
　また、75歳以上高齢者の全人口に占める割合は増加していき、2055年には、25%を超える見込み。

	2015年	2020年	2025年	2055年
65歳以上高齢者人口（割合）	3,387万人（26.6%）	3,619万人（28.9%）	3,677万人（30.0%）	3,704万人（38.0%）
75歳以上高齢者人口（割合）	1,632万人（12.8%）	1,872万人（14.9%）	2,180万人（17.8%）	2,446万人（25.1%）

国立社会保障・人口問題研究所「日本の将来推計人口（全国）（平成29(2017)年4月推計）」より作成

② 65歳以上高齢者のうち、認知症高齢者が増加していく。
（括弧内は65歳以上人口対比）
- 2012年：462万人（15%）
- 2025年：約700万人（約20%）

※「日本における認知症の高齢者人口の将来推計に関する研究」（平成26年度厚生労働科学研究費）

③ 世帯主が65歳以上の単独世帯や夫婦のみの世帯が増加していく。
世帯主が65歳以上の単独世帯及び夫婦のみの世帯数の推計

年	夫婦のみ世帯	単独世帯	割合(%)
2010	6,277	6,253	23.5
2020	6,740	7,025	25.4
2025	6,763	7,512	26.4
2030	6,693	7,959	27.4
2035	6,666	8,418	28.8
2040	6,870	8,963	31.2

国立社会保障・人口問題研究所「日本の世帯数の将来推計（全国推計）（平成30(2018)年1月推計）」より作成

④ 75歳以上人口は、都市部では急速に増加し、もともと高齢者人口の多い地方でも緩やかに増加する。各地域の高齢化の状況は異なるため、各地域の特性に応じた対応が必要。
※都道府県名右欄の（　）内の数字は倍率の順位

	埼玉県(1)	千葉県(2)	神奈川県(3)	愛知県(4)	大阪府(5)	～	東京都(17)	～	鹿児島県(45)	秋田県(46)	山形県(47)	全国
2015年<>は割合	77.3万人<10.6%>	70.7万人<11.4%>	99.3万人<10.9%>	80.8万人<10.8%>	105.0万人<11.9%>		146.9万人<10.9%>		26.5万人<16.1%>	18.9万人<18.4%>	19.0万人<16.9%>	1632.2万人<12.8%>
2025年<>は割合（）は倍率	120.9万人<16.8%>(1.56倍)	107.2万人<17.5%>(1.52倍)	146.7万人<16.2%>(1.48倍)	116.9万人<15.7%>(1.45倍)	150.7万人<17.7%>(1.44倍)		194.6万人<14.1%>(1.33倍)		29.5万人<19.5%>(1.11倍)	20.9万人<23.6%>(1.11倍)	21.0万人<20.6%>(1.10倍)	2180.0万人<17.8%>(1.34倍)

国立社会保障・人口問題研究所「日本の地域別将来推計人口（平成30(2018)年3月推計）」より作成

図9　今後の介護保険をとりまく状況について（社会保障審議会介護給付費分科会資料より）

17 訪問診療と介護サービスの提供について

過去モン
104A-87
104A-114
105C-55
関連：
100A-149

　介護保険のなかで歯科医師のサービス提供は、要介護認定を受け、居宅で療養している患者を対象としている。介護サービスは介護保険に請求する。歯科訪問診療料や処置行為などは医療保険で請求する。

1　保険医療機関は、居宅サービス事業者

　保険医療機関であれば、医療機関からの辞退の申し出がない限り、自動的に都道府県知事から介護保険の居宅療養管理指導を行う居宅サービス事業者の指定を受ける（みなし指定）。指定事業者は設備基準、運営基準を遵守しなければならないし事業の運営について運営規定を定めておくことが義務づけられている。居宅療養管理指導を行いたくない場合は「指定を不要とする旨の届出」を都道府県知事に提出する。

2　介護保険と医療保険の関係

　介護保険は医療保険より優先する。すなわち、介護保険の認定患者で療養内容が同一であれば、まず介護保険に請求する。訪問診療に出向いたときは、患者や患家の人に、要介護認定を受けているか確認する。歯科医師、歯科衛生士の行う居宅療養管理指導は、歯科訪問診療を実施している要介護認定患者に行う。

過去モン

介護保険制度で歯科医師が関与するのはどれか。2つ選べ。
（103C-88）
a　歯石の除去
b　義歯の調整
c　居宅療養管理指導
d　要介護認定の一次判定
e　要介護認定の二次判定
（解答：c、e）

3　医療給付と介護給付との給付の調整

　医療機関等は、医療サービスの提供を行うほか、介護保険法（平成9年法律第

表1　介護保険による居宅療養管理指導（対象：要介護1〜5）の請求

			単位数 (1回につき)
歯科医師 算定項目	・ケアマネジャーへの情報提供 ・患者・家族に対する指導・助言		
歯科医師 居宅療養管理指導	歯科医師 （月2回まで）	(1) 単一建物居住者1人に行う場合　516単位	516
		(2) 単一建物居住者2〜9人に行う場合　486単位	486
		(3) 単一建物居住者10人以上　440単位	440
歯科衛生士 算定項目	・歯科医師の指示が必要 ・患者・家族に対する指導・助言		単位数 (1回につき)
歯科衛生士等 居宅療養管理指導	歯科衛生士など （月4回まで）	(1) 単一建物居住者1人に行う場合　361単位	361
		(2) 単一建物居住者2人以上に行う場合　325単位	325
		(3) 単一建物居住者10人以上　294単位	294

介護予防居宅療養管理指導（対象：要支援1、2）は、上の居宅療養管理指導の内容に準ずる

123号）に基づき、介護サービスの事業者として、市町村の認定を受けた要介護被保険者等に対して介護給付の一環として医療サービスを提供できる。

ただし、同一の疾病等について要介護被保険者等が医療機関等で提供された医療サービスのうち介護保険法に基づく介護給付を受けることができる場合は、医療給付は行われないこととされるなど給付の調整が行われる。

つまり、訪問診療の保険のしくみは「医療保険」と「介護保険」の二者から成り立っている。したがって、訪問先が施設か在宅か、介護認定の有無によっても請求方法が異なる。

在宅介護認定を受けている人に対しては、医療保険における各種指導・管理（歯在管・訪衛指）に代わり、<u>介護保険（居宅療養管理指導）優先で請求しなければならない</u>（表1）。

4 介護保険用カルテの記載

1．独自に介護保険カルテを作成する。
2．医療保険のカルテに記載の場合
　①1号用紙の備考欄に介護保険の保険者番号、本人の保険証番号、要支援または要介護の区分および有効期限を記入する。
　②2号用紙には管理指導の内容、歯科衛生士への指示要点を記入する。

表2　施設定義

	建物の種類	サービス内容	
居住系	養護老人ホーム	日常生活上必要なサービスを長期的に提供 医療、福祉のサービスを併せて提供 介護保健施設ではない	
	軽費老人ホームA	日常生活上必要なサービスを行う	食事は給食
	軽費老人ホームB		食事は自炊
	ケアハウス	食事付き高齢者向けマンション	
	有料老人ホーム	老人ホーム。日常生活のサービスを行う終身介護を目指す施設もある	
施設	介護老人保健施設（老健施設）	一定期間（約3カ月）をめどに入所させ、身体等のリハビリ、訓練を行い自宅に復帰させることを目的とした施設	
	特別養護老人ホーム	日常生活上必要なサービスを行い、常に医師の手当てを必要とする人は入所できない（介護老人福祉施設）	
	短期入所生活介護（ショートステイ）	在宅生活をしている者が必要に応じて一時的に入所施設を利用するサービス（ショートステイ）	
	小規模多機能型居宅介護	1施設にデイサービス、デイケア、有料老人ホーム等が混在	
	認知症対応型共同生活介護	認知症対応のグループホーム 認知症の緩和を促すことを目的とした介護サービス施設	
	介護予防短期入所生活介護	要支援の短期入所生活介護	
	介護予防小規模多機能型居宅介護	要支援の小規模多機能型居宅介護	
	介護予防認知症対応型共同生活介護	要支援の認知症対応共同生活介護	

5　チャートでみる訪問診療請求法

訪問診療と医学管理料算定のチャート

歯科訪問診療
↓
訪問治療計画策定
↓

	同一の建物に居住する患者数		
	1人	2人以上9人以下	10人以上
20分以上	歯科訪問診療1【1100点】	歯科訪問診療2【361点】	歯科訪問診療3【185点】
20分未満	880点	253点	111点

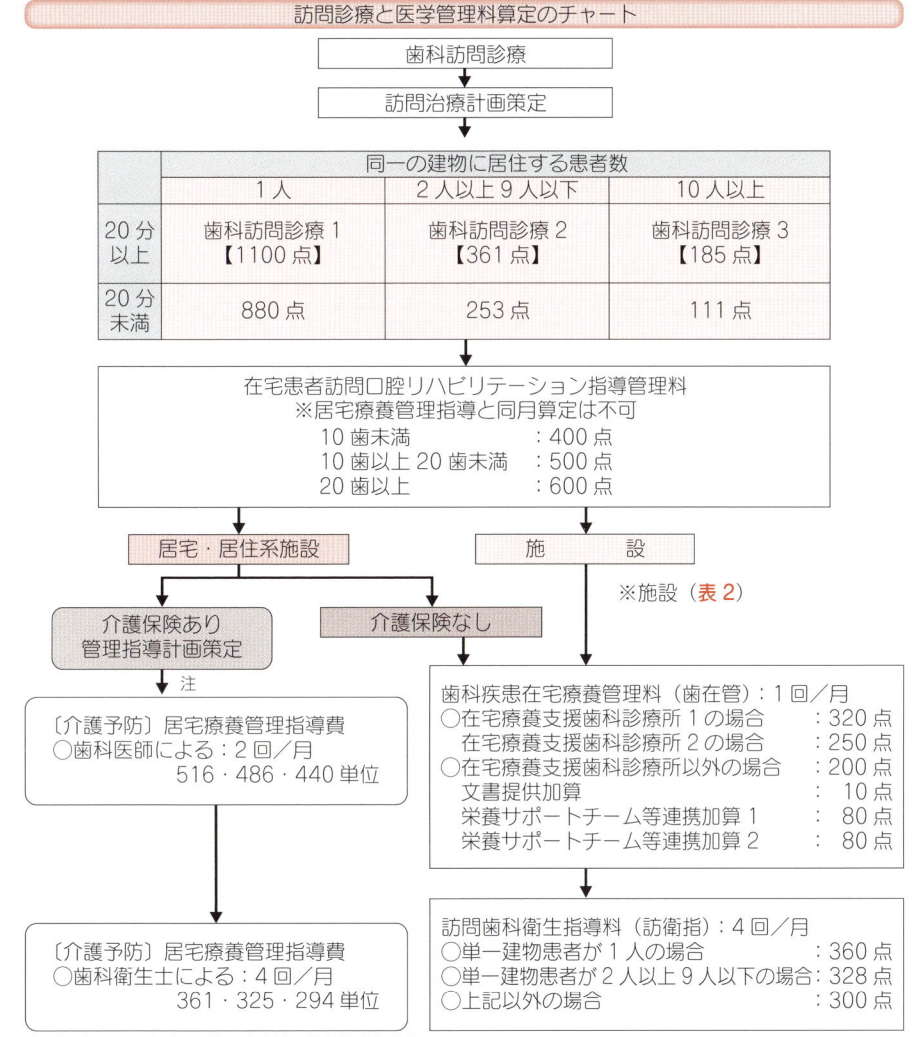

↓
在宅患者訪問口腔リハビリテーション指導管理料
※居宅療養管理指導と同月算定は不可
　10歯未満　　　　　　：400点
　10歯以上20歯未満　　：500点
　20歯以上　　　　　　：600点

↓
居宅・居住系施設　／　施　　設　　※施設（表2）

居宅・居住系施設：
- 介護保険あり 管理指導計画策定
- 介護保険なし

〔介護予防〕居宅療養管理指導費
○歯科医師による：2回／月
　　516・486・440 単位注

〔介護予防〕居宅療養管理指導費
○歯科衛生士による：4回／月
　　361・325・294 単位

注　担当ケアマネジャー等に文書等で情報提供が必要

施設：
歯科疾患在宅療養管理料（歯在管）：1回／月
○在宅療養支援歯科診療所1の場合　：320点
　在宅療養支援歯科診療所2の場合　：250点
○在宅療養支援歯科診療所以外の場合：200点
　文書提供加算　　　　　　　　　　：10点
　栄養サポートチーム等連携加算1　　：80点
　栄養サポートチーム等連携加算2　　：80点

訪問歯科衛生指導料（訪衛指）：4回／月
○単一建物患者が1人の場合　　　　　　：360点
○単一建物患者が2人以上9人以下の場合：328点
○上記以外の場合　　　　　　　　　　　：300点

過去モン

在宅歯科診療で歯科診療の補助ができる職種はどれか。2つ選べ。
（105A-116）
a　看護師
b　介護福祉士
c　歯科衛生士
d　社会福祉士
e　介護支援専門員
（解答：a、c）

過去モン

在宅歯科医療で行う義歯修理で正しいのはどれか。2つ選べ。
（105C-84）
a　介護保険の対象となる。
b　保健所長の指示で行う。
c　医療機関との連携をとる。
d　地域保健法に基づいて行う。
e　歯科衛生士が診療補助を行う。
（解答：c、e）

6　歯科訪問診療加算

　歯科訪問診療料のみを算定している場合は、抜髄（単根管、2根管）（I005の1、2）、感染根管処置（単根管、2根管）（I006の1、2）、口腔内消炎手術（歯肉膿瘍等）（J013の2）は所定点数の30/100、抜髄（3根管以上）（I005の3）、感染根管処置（3根管以上）（I006の3）、抜歯手術（乳歯、前歯、臼歯）（J000の1〜3、ただし難抜歯加算を除く）、有床義歯修理（M029）、磁性アタッチメント（磁石構造体を用いる場合）は所定点数の50/100、印象採得（欠損補綴の連合印象、特殊

印象）（M003の2のロ、ハ）、咬合印象、咬合採得（欠損補綴の有床義歯）（M006の2のロ）、有床義歯内面適合法（M030）は所定点数の70/100に相当する点数を加算する。

▼歯科訪問診療料算定患者

[＋30/100]	・抜髄、感染根管処置（単根管・2根管） ・口腔内消炎手術（歯肉膿瘍等）
[＋50/100]	・抜髄、感染根管処置（3根管以上） ・抜歯手術（乳歯、前歯、臼歯）　＊難抜歯加算を算定した場合を除く。 ・有床義歯修理 ・磁性アタッチメント（磁石構造体を用いる場合）
[＋70/100]	・印象採得の欠損補綴（連合印象、特殊印象のみ） ・有床義歯の咬合採得 ・有床義歯内面適合法 ・咬合印象

▼歯科訪問診療料と著しく歯科治療が困難な者の加算を算定する患者

[＋30/100]	・抜髄、感染根管処置（単根管・2根管） ・口腔内消炎手術（智歯周囲炎の歯肉弁切除等、歯肉膿瘍等）
[＋50/100]	・すべての処置　＊抜髄、感染根管処置（単根管・2根管）、口腔内装置、舌接触補助床、術後即時顎補綴装置を除く。 ・すべての手術　＊口腔内消炎手術（智歯周囲炎の歯肉弁切除等、歯肉膿瘍等）を除く。 ・すべての歯冠修復・欠損補綴 　＊補綴時診断料、クラウン・ブリッジ維持管理料、広範囲顎骨支持型補綴診断料、欠損補綴の印象採得（連合印象および特殊印象）、有床義歯の咬合採得、有床義歯内面的合法、金属歯冠修復、チタン冠、接着冠、根面被覆（根面板によるもの）、レジン前装金属冠、レジン前装チタン冠、非金属歯冠修復、CAD/CAM冠、CAD/CAMインレー、ポンティック、有床義歯、熱可塑性樹脂有床義歯、鋳造鉤、線鉤、コンビネーション鉤、磁性アタッチメント（キーパー付き根面板を用いる場合）、間接支台装置、バー、口蓋補綴・顎補綴、特イ補、補綴隙を除く。
[＋70/100]	・欠損補綴の印象採得（連合印象、特殊印象のみ） ・有床義歯の咬合採得 ・有床義歯内面適合法 ・咬合印象

7　歯科訪問診療の診療報酬の基本構造（表3）

　医科では、患者の求めに応じて行う往診と訪問診療は区別されている。しかし、歯科では往診と歯科訪問診療は診療報酬上では区別されていない。したがって往診に当てはまるケースも歯科訪問診療料を算定する。

表3 歯科訪問診療の診療報酬の基本構造
　　　歯科医師・歯科衛生士が算定できる管理料・指導料等

	1人	2人以上9人以下	10人以上
訪問診療 20分以上	歯科訪問診療料1 1100点	歯科訪問診療料2 361点	185点
訪問診療 20分未満	880点	歯科訪問診療料3 253点	111点
在宅歯科医療推進加算	100点※	※直近3カ月の延べ訪問患者人数が5人以上で、その6割以上が訪問診療1を算定していること	
歯科訪問診療 補助加算	歯援診1・2/か強診 同一建物以外　＋115点 同一建物　　　＋50点		その他 同一建物以外　＋90点 同一建物　　　＋30点
診療従事中の緊急対応 夜間などの加算 (入院中の患者を除く)	緊急歯科訪問診療加算 425点 夜間歯科訪問診療加算 850点 深夜歯科訪問診療加算 1700点	緊急歯科訪問診療加算 140点 夜間歯科訪問診療加算 280点 深夜歯科訪問診療加算 560点	緊急歯科訪問診療加算 70点 夜間歯科訪問診療加算 140点 深夜歯科訪問診療加算 280点
歯科診療特別 対応加算	歯科診療が困難な者に歯科訪問診療を行った場合 175点		
摂食機能療法の対象者の 場合の指導・管理料 (月4回まで可、 歯科医師)	在宅患者訪問口腔リハビリテーション指導管理料 残存歯数　0〜9歯：400点 　　　　　10〜19歯：500点 　　　　　20歯以上：600点 かかりつけ歯科医機能強化型の場合：75点加算 在宅療養支援歯科診療所：145・80点加算		
歯科衛生士による 居宅療養管理指導費 訪問歯科衛生指導料 (月4回まで)	要支援・要介護認定者の場合 (介護保険) 居宅療養管理指導費 1. 単一建物居住者1人　　　　361単位 2. 単一建物居住者2〜9人　　　325単位 3. 単一建物居住者10人以上　　294単位		要支援・要介護認定者以外の場合 (医療保険) 訪問歯科衛生指導料 1. 単一建物患者1人　　　　360点 2. 単一建物患者2〜9人　　　328点 3. 単一建物患者10人以上　　300点

18 介護給付請求方法

1 介護報酬の請求方法について

1）国保連合会へ請求

①請求は利用者の住所地（保険者）に関わらず、居宅介護支援事業所・居宅介護サービス事業所・介護保険施設の所在地の各都道府県国保連合会に対して行う（医療保険の国保レセプトと同じ提出先）。

②要介護者などの利用者負担について、生活保護などの公費負担の対象となる場合も、その費用の審査・支払は**国保連合会**が行う。

2）区分支給限度額に係らず支給される。

3）介護給付費請求書（様式第一）（図3）、居宅サービス介護給付費明細書（様式第二）（図4）、介護予防サービス介護給付費明細書（様式第二の二）（図5、6）により、実施の翌月10日までに請求すること。**上記の請求書、明細書はコピーをとっておくこと。**

介護給付
居宅療養管理指導サービスコード表

サービスコード 種類	項目	サービス内容略称	算定項目		合成単位数	算定単位
31	2111	歯科医師居宅療養管理指導Ⅰ	口歯科医師が行う場合（月2回限度）	(1) 単一建物居住者が1人の場合　516単位	516	1回につき
31	2112	歯科医師居宅療養管理指導Ⅱ		(2) 単一建物居住者が2人以上9人以下の場合　486単位	486	
31	2113	歯科医師居宅療養管理指導Ⅰ		(3) (1) 及び (2) 以外の場合　440単位	440	
31	1241	歯科衛生士居宅療養Ⅰ	歯科衛生士が行う場合（月4回限度）	(1) 単一建物居住者が1人の場合　361単位	361	
31	1243	歯科衛生士居宅療養Ⅱ		(2) 単一建物居住者が2人以上9人以下の場合　325単位	325	
31	1250	歯科衛生士居宅療養Ⅲ		(3) (1) 及び (2) 以外の場合　294単位	294	

予防給付
介護予防居宅療養管理指導サービスコード表

34	2111	予防歯科医師居宅療養Ⅰ	口歯科医師が行う場合（月2回限度）	(1) 単一建物居住者が1人の場合　516単位	516	1回につき
34	2112	予防歯科医師居宅療養Ⅱ		(2) 単一建物居住者が2人以上9人以下の場合　486単位	486	
34	2113	予防歯科医師居宅療養Ⅲ		(3) (1) 及び (2) 以外の場合　440単位	440	
34	1241	予防歯科衛生士居宅療養Ⅰ	歯科衛生士が行う場合（月4回限度）	(1) 単一建物居住者が1人の場合　361単位	361	
34	1242	予防歯科衛生士居宅療養Ⅱ		(2) 単一建物居住者が2人以上9人以下の場合　325単位	325	
34	1243	予防歯科衛生士居宅療養Ⅲ		(3) (1) 及び (2) 以外の場合　294単位	294	

図1　介護給付・予防給付

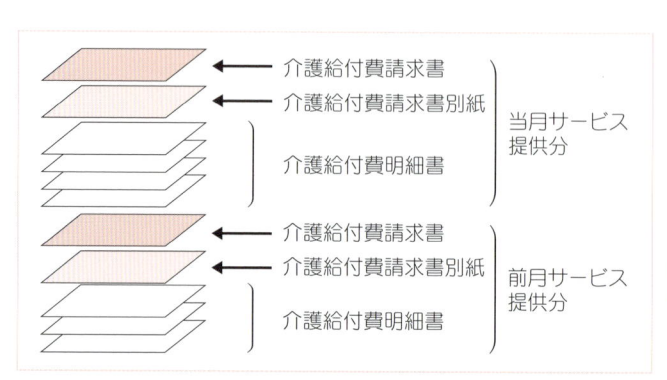

図2　介護給付請求書等の編綴方法
請求書は審査月、サービス提供月、事業所（番号）ごとに1枚作成する。

4）居宅療養管理指導費は居宅サービス介護給付費明細書により、介護予防居宅療養管理指導費は介護予防サービス介護給付費明細書により請求すること。

5）介護給付費請求書、明細書は**記入例**のように記載すること。

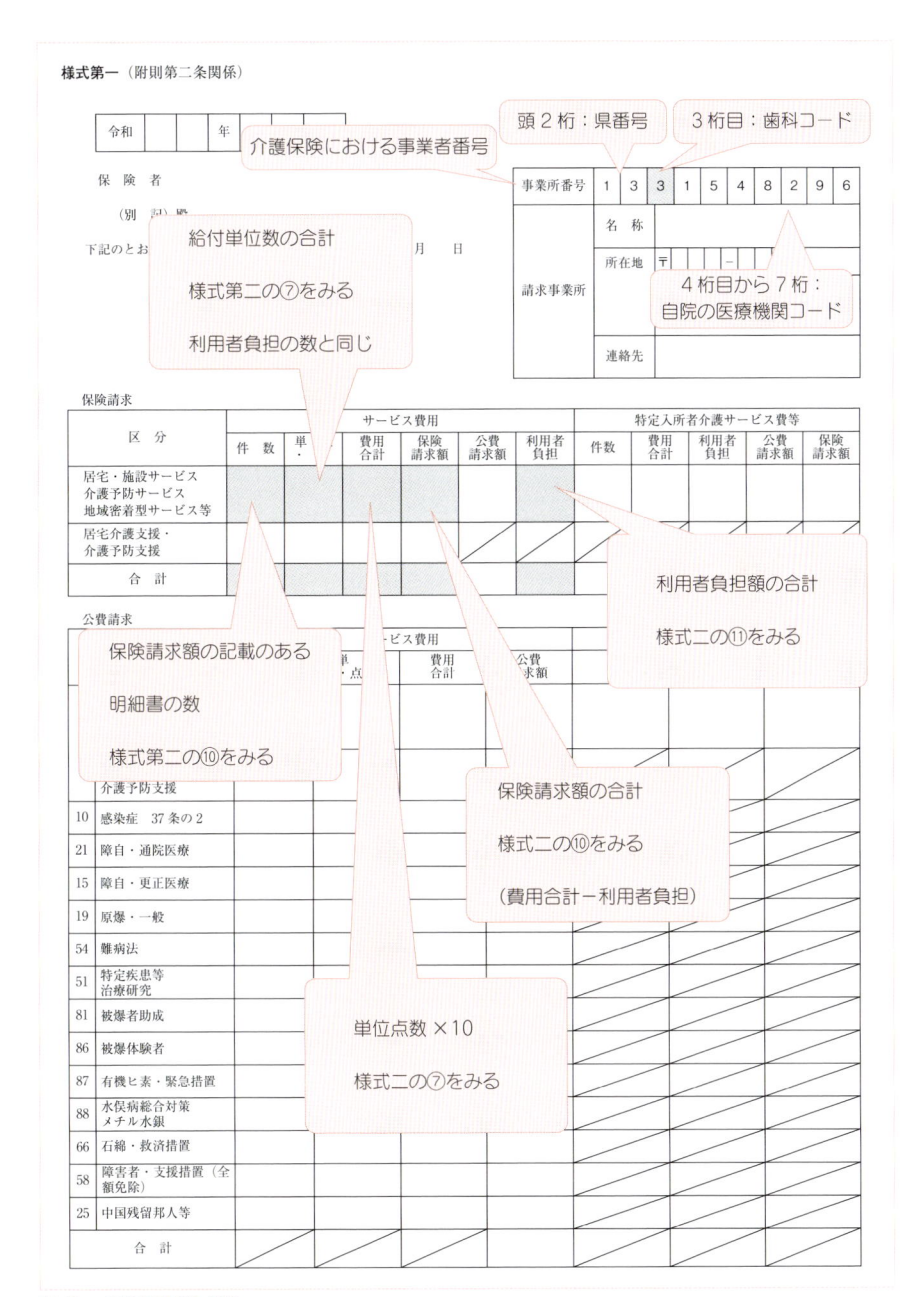

図3 介護保険請求書
(まずは行ってみよう！一般開業医のための訪問歯科診療入門, 高橋英登編著, 医歯薬出版 2013)
※様式は出典に掲載した当時のものになる。

過去モン

介護保険法で新予防給付の対象となるのはどれか。すべて選べ。
(102A-28)
a 要支援1
b 要支援2
c 要介護1
d 要介護2
e 要介護3
(解答：a、b)

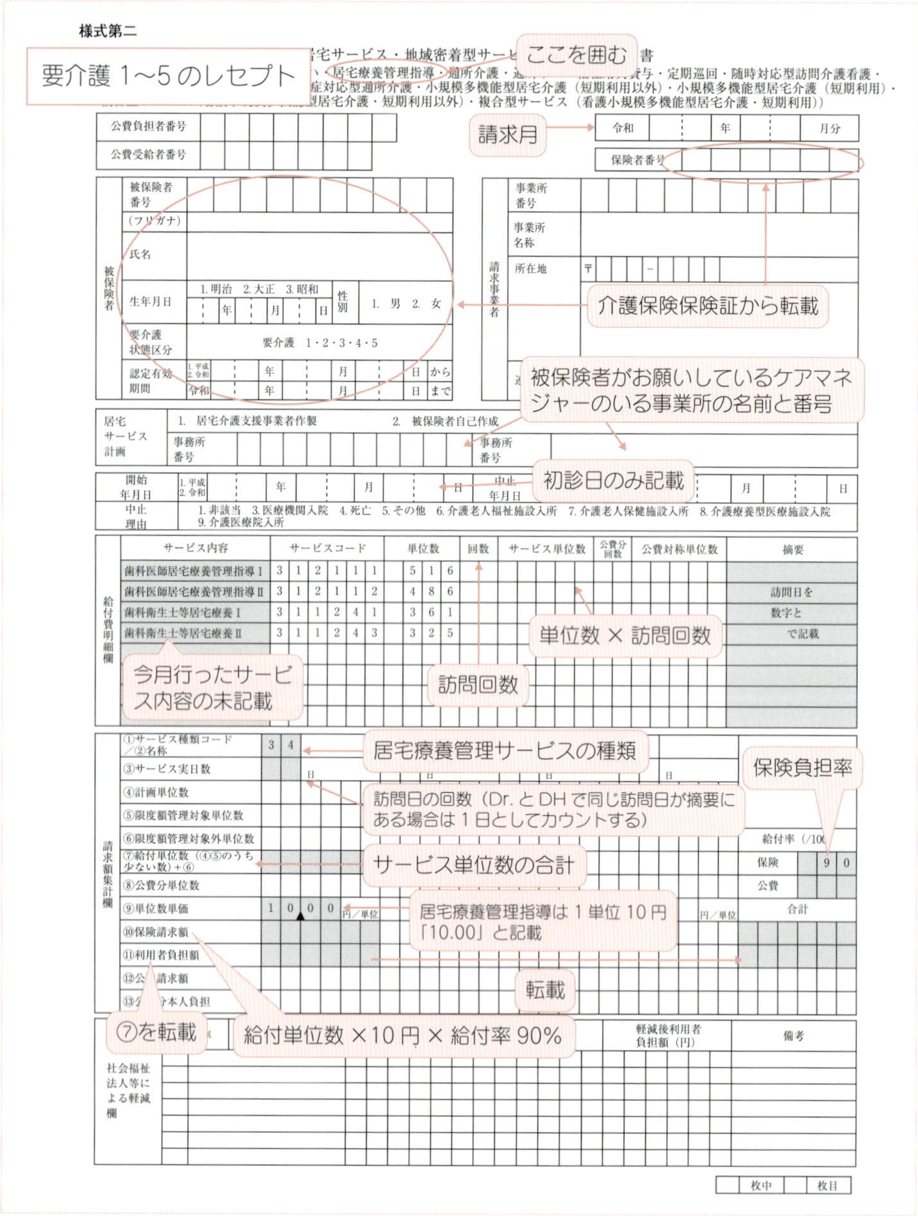

図4　要介護1~5のレセプト
(「まずは行ってみよう！一般開業医のための訪問歯科診療入門」を参考に作成，高橋英登編著，医歯薬出版　2013)

2　医療保険請求上の【摘要欄記載】について

　　介護保険に相当するサービスのある診療を行った場合に、患者が要介護者または要支援者である場合には、医療保険レセプトの摘要欄に「介」と記載すること。

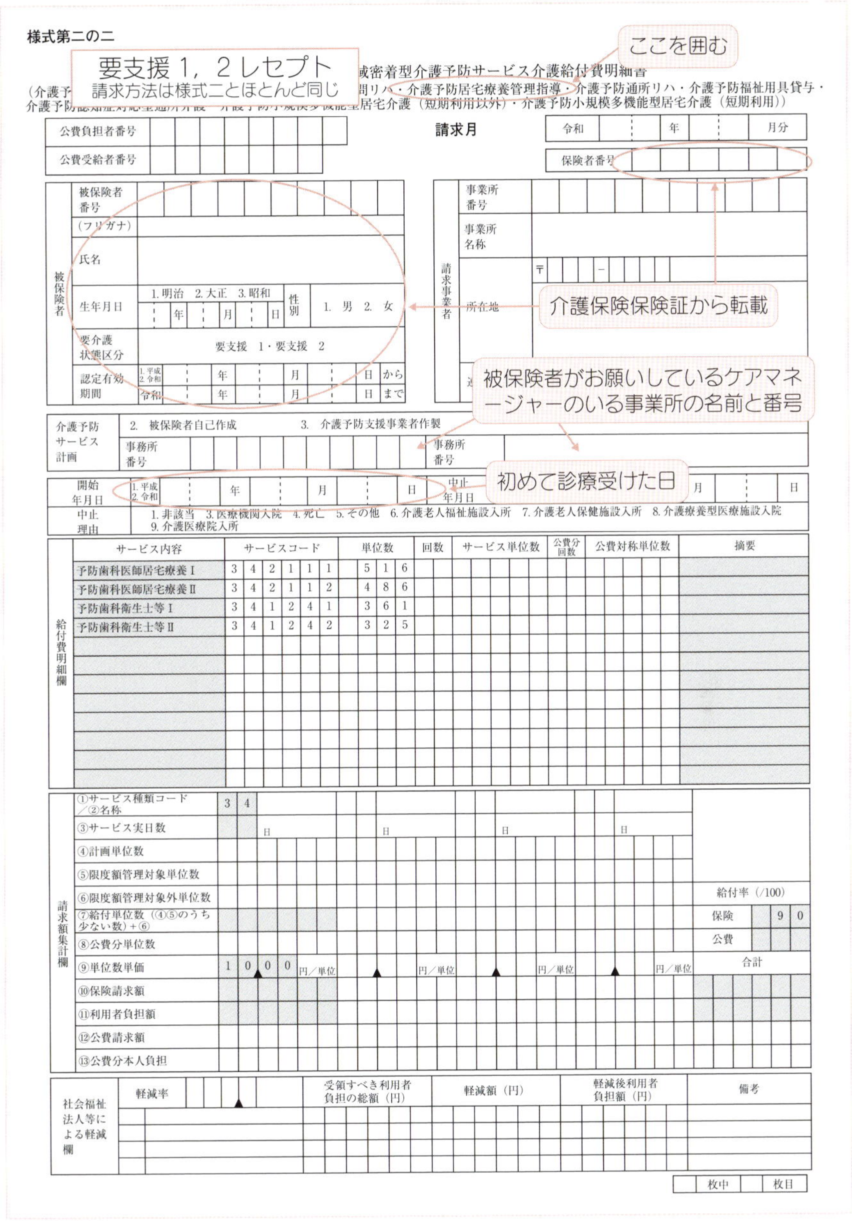

図5 要支援1、2のレセプト
(「まずは行ってみよう！一般開業医のための訪問歯科診療入門」を参考に作成, 高橋英登編著, 医歯薬出版 2013)

3 交通費

　居宅療養管理指導および介護予防居宅療養管理指導に要した交通費は実費を利用者から徴収してもよい。

様式第二の二（附則第二条関係）

記載例

介護予防サービス・地域密着型介護予防サービス介護給付費明細書
（介護予防訪問入浴介護・介護予防訪問看護・介護予防訪問リハ・介護予防居宅療養管理指導・介護予防通所リハ・介護予防福祉用具貸与・介護予防認知症対応型通所介護・介護予防小規模多機能型居宅介護（短期利用以外）・介護予防小規模多機能型居宅介護（短期利用））

公費負担者番号	
公費受給者番号	

令和	年		月分
保険者番号	2 4 ＊ ＊ ＊ ＊		

被保険者		
被保険者番号		
（フリガナ）	コクホ タロウ	
氏名	国保 太郎	
生年月日	①.明治 2.大正 3.昭和　43年 1月 5日	性別　①.男 2.女
要支援状態区分	要支援1・要支援②	
認定有効期間	1.平成 2.令和　4年 6月 1日から	
	令和　5年 6月 30日まで	

請求事業者	
事業所番号	2 4 3 ＊ ＊ ＊ ＊ ＊ ＊ ＊
事業所名称	みなし事業所（歯科）
所在地	〒　－
連絡先	電話番号

介護予防サービス計画			
2. 被保険者自己作成　3. 介護予防支援事業者作成			
事業所番号		事業所名称	

開始年月日	令和　年　月　日	中止年月日	令和　年　月　日
中止理由	1.非該当 3.医療機関入院 4.死亡 5.その他 6.介護老人福祉施設入所 7.介護老人保健施設入所 8.介護療養型医療施設入院 9.介護医療院入所		

給付費明細欄

サービス内容	サービスコード	単位数	回数	サービス単位数	公費分回数	公費対象単位数	摘要
予防歯科医師居宅療養Ⅰ	3 4 2 1 1 1	5 1 6	2	1 0 3 2			3、21

予防歯科医師サービスコード表から該当内容を選択する

算定回数に応じた訪問日等を記載

①サービス種類コード／②名称	3 1 予防居宅療養管理				
③サービス実日数	2 日	日	日	日	
④計画単位数					
⑤限度額管理対象単位数					
⑥限度額管理対象外単位数					給付率（/100）
⑦給付単位数（④⑤のうち少ない数）＋⑥	1 0 3 2				保険　9 0
⑧公費分単位数					公費
⑨単位数単価	1 0.0 0 円/単位	円/単位	円/単位	円/単位	合計
⑩保険請求額	9 2 8 8				9 2 8 8
⑪利用者負担額	1 0 3 2				1 0 3 2
⑫公費請求額					
⑬公費分本人負担					

社会福祉法人等による軽減欄				
軽減率　．　%	受領すべき利用者負担の総額（円）	軽減額（円）	軽減後利用者負担額（円）	備考

　枚中　枚目

図6　記載例

参考文献

1) 厚生労働統計協会，厚生の指標 増刊 保険と年金の動向 2021/2022
2) 健康保険組合連合会ホームページ，「プレスリリース」
3) 厚生省，令和3年版厚生白書
4) 厚生労働省，社会保障審議会 医療部会資料
5) 厚生労働省，社会保障審議会 医療保険部会資料
6) 厚生労働省，社会保障審議会 介護給付費分科会資料
7) 厚生労働省，第23回医療経済実態調査の報告（令和3年実施）
8) 厚生労働省，令和2年社会医療診療行為別統計
9) 厚生労働省，令和元年度 国民医療費の概況
10) 厚生労働省，令和2年度における保険医療機関等の指導・監査等の実施状況
11) 厚生労働省ホームページ，「レセプト情報・特定健診等情報の提供について」
12) 厚生労働省ホームページ，「医療保険」
13) 厚生労働省ホームページ，「我が国の医療保険について」
14) 厚生労働省ホームページ，「介護保険制度の概要」
15) 厚生労働省ホームページ，「社会保障全般」
16) 厚生労働省ホームページ，「先進医療の概要について」
17) 厚生労働省ホームページ，「平成18年度医療制度改革関連資料」
18) 厚生労働省ホームページ，「保険診療と保険外診療の併用について」
19) 厚生労働省ホームページ，「歯科医師国家試験の問題および正答について」
20) 厚生労働省保険局総務課保険システム高度化推進室，レセプト情報・特定健診等情報データベースの第三者提供—利用を検討している方々へのマニュアル—，2013年8月1日発行（初版）
21) 厚生労働統計協会，厚生の指標 増刊 国民衛生の動向 2020/2021
22) 国立社会保障・人口問題研究所，社会保障費用統計（令和元年度）
23) 社会保険研究所，歯科点数表の解釈，令和2年4月版
24) 社会保険診療報酬支払基金ホームページ，「レセプト電算処理システム」
25) 社会保険診療報酬支払基金ホームページ，「支払基金ってどんなところ？」
26) 社会保険制度改革国民会議，報告書～確かな社会保障を将来世代に伝えるための道筋～，平成25年8月6日
27) 全国健康保険協会ホームページ，「健康保険ガイド」
28) 全国保険医団体連合会，カルテ記載を中心とした指導対策テキスト 2013年第8版
29) 総務省統計局，国勢調査
30) 厚生労働省，中央社会保険医療協議会資料
31) 中央法規出版株式会社，医療六法（令和2年度版）
32) 内閣官房ホームページ，「社会保障・税一体改革で目指す将来像～未来への投資（子ども・子育て支援）の強化と貧困・格差対策の強化～（厚生労働省平成23年12月5日）」
33) 内閣府，経済財政諮問会議，資料
34) まずは行ってみよう！一般開業医のための訪問歯科診療入門，高橋英登編著，医歯薬出版　2013

索引 Index

い
医学管理等…………58
医科点数表が準用できる場合…59
医科と共通する点数…………58
一部負担金…………9, 26
一部負担金等の受領…………43
一般医療機器…………21
一般用医薬品…………21
医薬品…………20
医薬品医療機器法…………21
医療機器…………21
医療施設の分類…………18
医療の安全の確保…………19
医療法…………18
医療保険…………5
　──の種類…………7
医療保険制度…………7
　──の加入者…………8
医療用医薬品…………21
いわゆる「混合診療」…………34
院内掲示…………69

う・お
う蝕に罹患している患者の指導管理…………32
オンライン請求…………79

か
介護報酬の請求方法…………96
介護保険…………5
　──で受けられるサービス…86
　──と医療保険の関係…………91
　──をとりまく状況…………90
介護保険制度…………3, 84, 88
　──の仕組み…………84
　──の被保険者…………85
改正薬事法…………21
各種共済…………7, 10
画像診断…………58
患者申出療養…………9, 30, 35
管理医療機器…………21

き
記載要領…………63
基本診療料…………13, 57
業務上の傷病…………8
居宅サービス事業者…………91
金属床総義歯…………9
金属床による総義歯…………31

け
掲示…………43
健康保険…………7, 8
健康保険組合…………8
健康保険法に基づく医療保険制度…………28
健康保険法に基づく療担規則…39
検査…………58
現物給付…………26

こ
公益委員…………16
高額介護合算療養費…………12
高額療養費…………9
高額療養費制度…………9
後期高齢者医療制度…………7, 12
厚生労働大臣の登録…………27
公定価格…………13
公的医療保険…………12, 26
公的介護施設サービス…………87
高度管理医療機器…………21
高齢者保健福祉政策…………84
告示…………13, 56
国民医療費…………6
　──に含まれるもの…………6
　──の財源別負担割合…………7
国民健康保険…………7, 11
国家扶助…………3
雇用保険…………5

さ
在宅医療…………58
材料価格基準…………61

し
歯科医師の診療録記載…………73
歯科医師法…………22
歯科衛生士法…………24
歯科技工加算1及び2の施設基準…………25
歯科技工指示書…………25
歯科技工士法…………24
歯科矯正…………59
歯科診療医療費…………7
歯科外来診療環境体制加算……20
歯科診療の具体的方針…………40
歯科診療報酬点数表…………13
　──の構成…………56
歯科診療録…………53
　──と診療報酬明細書との関係…………74
　──の概要…………73
　──の取扱いに関する留意事項…………75
歯科特有の点数…………59
歯冠修復及び欠損補綴…………59
施設基準…………59
　──の届出…………60
　──の例…………60
　──等の届出状況…………71
施設定義…………92
支払側委員…………16
社会扶助…………3
社会保険…………4, 5
社会保険制度の特徴…………3
社会保障…………2
　──の給付…………4
　──の財源…………3
　──の定義…………2
社会保障給付費…………3, 5
社会保障制度…………2
　──審議会…………2
　──の概要…………5
受給資格の確認…………43
手術…………58

使用歯科材料料の算定例………62
小児う蝕の治療後の継続管理……9
職域保険…………3
処置…………58
処方せん…………54
新医薬品の承認審査の流れ……23
人口構造の急速な変化…………4
審査委員会の構成…………78
審査支払…………14
審査支払機関…………14
診療側委員…………16
診療種類別国民医療費…………6
診療所…………18
診療報酬
　　──の決定…………13
　　──の算定における告示と通
　　　知の関係…………57
　　──の算定方法…………13
　　──の仕組み…………55
　　──の請求…………14
　　──の請求と審査…………77
診療報酬改定に係る情報………17
診療報酬改定の仕組み…………15
診療報酬制度…………12
診療報酬明細書…………63
診療録
　　──の開示…………75
　　──の保存…………74
診療録記載に関わる通知等……76

せ・そ
船員保険…………7, 10
全国健康保険協会…………8
前歯の材料差額…………9
前歯部の金属歯冠修復…………33
先進医療…………30
選定療養…………9, 31
　　──の種類…………31
Social Security…………2

ち
地域医療支援病院…………18
地域包括ケアシステム…………89
地域保健…………3
地方厚生（支）局長…………27
中央社会保険医療協議会………13
注射…………58

つ
通知…………56

て
摘要欄記載…………98
電子レセプト…………79, 80
電子レセプト請求…………63
点数単価方式…………13

と
投薬…………58
特殊療法等の禁止…………40
特定機能病院…………18
特定健康診査…………10
特定健診等情報の収集経路……81
特定疾病…………85
特定の保険薬局への誘導の禁止
　　…………40
特定保険医療材料…………22, 61
　　──及びその材料価格………62
特定保健指導…………10
特掲診療料…………13, 57
届出の際の要件…………19
届出の実務…………70

に
日本の社会保険制度…………3

ね
年金保険…………5

ひ
被扶養者の範囲…………8
被保険者…………5
病院…………18
評価療養…………9, 30
　　──の種類…………30
病理診断…………59

ほ
訪問診療請求法…………93
保険医
　　──の診療…………40
　　──の診療方針等…………47
　　──の登録…………27
　　──の登録取消し…………39
　　──の療養方針等…………40

保険医療機関及び保険医療養担
　　当規則…………14, 42
保険医療機関
　　──として順守すべき事項…39
　　──の指定及び保険医の登録
　　　…………28
　　──の指定取消し…………39
　　──の療養担当…………42
保険外診療の診療録記載………74
保険外併用療養費…………9
保険外併用療養費制度…………29
保険給付…………7
　　──と一部負担金…………8
保険者…………5
保険診療…………12
　　──の概念図…………15
　　──の基本的な考え方………26
保険適用の可否…………21
保険料…………10

ま
麻酔…………58

や・よ
薬事法…………20
要介護被保険者等の確認………43
要指導医薬品…………21

り
リハビリテーション…………58
略称…………64
留意事項通知…………28
利用者負担について（介護）…86
領収証等の交付…………44
療養の給付…………26
　　──に関する費用…………27

れ・ろ
レセプト…………63
レセプト情報・特定健診等情報
　　データベースの利用…………83
レセプト情報の収集経路………81
労働者災害補償保険…………5, 8

【著者略歴】

日髙 勝美
- 1981年　九州大学歯学部卒業
- 1986年　厚生省健康政策局歯科衛生課課長補佐
- 1991年　厚生省薬務局医療機器開発課医療用具審査専門官
- 1993年　厚生省保険局医療課課長補佐
- 1998年　厚生省保険局医療課医療指導監査室特別医療指導監査官
- 2004年　厚生労働省保険局歯科医療管理官
　　　　　厚生労働省医政局歯科保健課長
- 2010年　九州歯科大学歯学部口腔保健学科教授
- 2015年　九州歯科大学副学長
- 2021年　九州歯科大学名誉教授

小林 隆太郎
- 1984年　日本歯科大学歯学部卒業
- 1991年　日本歯科大学歯学部口腔外科学教室第2講座講師
- 2001年　日本歯科大学歯学部附属病院顎変形症診療センター長
- 2003年　日本歯科大学歯学部附属病院口腔外科助教授
- 2009年　日本歯科大学附属病院医療管理室長
- 2010年　日本歯科大学附属病院口腔外科教授
- 2013年　日本歯科医師会保険適用検討委員会委員長
- 2014年　日本歯科医学会歯科医療協議会座長
- 2021年　日本歯科大学東京短期大学学長

梅村 長生
- 1974年　東京歯科大学卒業
- 1976年　愛知学院大学歯学部第2口腔外科助手
- 1980年　名古屋第一赤十字病院口腔外科副部長
　　　　　愛知三の丸病院歯科部長
- 1985年　愛知県社会保険診療報酬請求書審査委員会審査委員
　　　　　愛知学院大学歯学部講師
- 2000年　日本歯科医師会会誌編集委員会委員長
- 2011年　社会保険診療報酬支払基金 医療顧問
- 2016年　愛知学院大学非常勤講師

歯科医師のための医療保険制度入門
―保険診療の仕組み早わかりガイド―

ISBN978-4-263-44417-7

2014年7月10日　第1版第1刷発行
2024年1月20日　第1版第5刷発行

著者　日髙　勝美
　　　小林　隆太郎
　　　梅村　長生
発行者　白石　泰夫
発行所　医歯薬出版株式会社
〒113-8612 東京都文京区本駒込1-7-10
TEL.（03）5395-7638（編集）・7630（販売）
FAX.（03）5395-7639（編集）・7633（販売）
https://www.ishiyaku.co.jp/
郵便振替番号　00190-5-13816

乱丁，落丁の際はお取り替えいたします　印刷・三報社印刷／製本・皆川製本
© Ishiyaku Publishers, Inc., 2014. Printed in Japan

本書の複製権・翻訳権・翻案権・上映権・譲渡権・貸与権・公衆送信権（送信可能化権を含む）・口述権は，医歯薬出版（株）が保有します．
本書を無断で複製する行為（コピー，スキャン，デジタルデータ化など）は，「私的使用のための複製」などの著作権法上の限られた例外を除き禁じられています．また私的使用に該当する場合であっても，請負業者等の第三者に依頼し上記の行為を行うことは違法となります．

JCOPY ＜出版者著作権管理機構 委託出版物＞

本書をコピーやスキャン等により複製される場合は，そのつど事前に出版者著作権管理機構（電話03-5244-5088, FAX 03-5244-5089, e-mail:info@jcopy.or.jp）の許諾を得てください．